AF576326

ERNST TOLLER
(1893 – 1939)

Un dramaturge de combat

René Lévy

ERNST TOLLER

(1893-1939)

Un dramaturge de combat

Du même auteur
aux éditions L'Harmattan

Les écrivains français sous l'Occupation, 1940-1944. Pages arrachées et brûlots mortels, 2014.

Les écrivains de langue allemande sous le nazisme, 1933-1945. Une écriture qui résiste, 2014.

Les écrivains russes sous la dictature stalinienne, 1924-1953. Une écriture clandestine, 2014.

Les écrivains espagnols au crépuscule de la République, 1936-1939. A las cinco de la tarde, 2014.

Margarete Buber-Neumann. Du Goulag à Ravensbrück, 2015.

5-7, rue de l'Ecole-Polytechnique, 75005 Paris

http://www.harmattan.fr
diffusion.harmattan@wanadoo.fr

ISBN : 978-2-343-08920-1
EAN : 9782343089201

SOMMAIRE

Cet ouvrage a pour objet de faire émerger de l'ombre, la figure et l'œuvre méconnues d'un des plus grands dramaturges allemands du XXème siècle.

La stature d'auteur-novateur de Ernst Toller, son engagement politique total, le courage combatif de son théâtre, en font un personnage qui, en dépit du peu d'informations sur sa vie personnelle, mérite de sortir de l'oubli et retrouver le haut de l'affiche, au même titre que Brecht, Beckett, Tchekhov, Ibsen et autres génies.

Mais on ne peut appréhender le parcours et le théâtre de Ernst Toller, si on ne le re-situe pas dans l'histoire de cette période tragique de l'après-guerre, en 1919, puis dans le contexte de l'Allemagne nazie.

Ce sont là les clés indispensables pour rendre justice à un auteur plus que jamais d'actualité dans ce monde de tous les dangers qui vacille autour de nous.

De quel art avons-nous donc besoin aujourd'hui ? Ne croyez-vous pas que c'est d'un art politique, malgré tout ?

Erwin Piscator août 1961
Le théâtre politique, L'Arche, 1972, p. 265

1- ERNST TOLLER QUI EST-CE ?

Si l'on veut comprendre la catastrophe de 1933, il faut connaitre les évènements des années 1918 et 1919 en Allemagne.

E. Toller, *Une jeunesse en Allemagne*, p. 9

Très jeune, Ernst Toller s'engage politiquement en adhérant à l'aile gauche du Parti socialiste allemand. A ce titre, il participe au soulèvement populaire de Munich en novembre 1918. Proche de Kurt Eisner qui dirige le mouvement, leur action révolutionnaire les conduit à renverser le Royaume de Bavière[1] et à mettre le roi en fuite. La province instaurée en Etat, ils proclament la République Libre de Bavière.

Après l'assassinat du dirigeant socialiste Kurt Eisner, Toller se voit offrir la vice-présidence devenue vacante[2]. Il refuse ce poste, s'estimant, à l'âge de 26 ans, inexpérimenté à l'exercice du pouvoir. Il accepte d'autres fonctions.

---

1 Depuis le XII° siècle le Royaume de Bavière était gouverné par la dynastie Wilttelsbach.
Le 7 novembre 1918, le roi Louis III est chassé du trône par une révolution conduite par Kurt Eisner qui a rassemblé une coalition de 200.000 manifestants, ouvriers pour la plupart. Ernst Toller est l'un des dirigeants socialistes. Voir index des noms cités.

2 Kurt Eisner assassiné le 21 février 1919, Hoffmann, social-démocrate de droite lui succède.

Deux mois plus tard, une coalition menée par l'armée prussienne parvient à investir la ville de Munich et à remettre la province sous l'autorité légitime de la République de Weimar.

Les dirigeants de l'insurrection sont exécutés sans avoir été remis à un tribunal légal[3].

Toller en réchappe en se cachant. Traqué, sa tête mise à prix, il finit par être arrêté, accusé de haute trahison. Il échappe de peu à la mort, réussissant à obtenir de passer en jugement.

Condamné à 5 ans de forteresse, il les subit jusqu'à l'avant-dernier jour.

Au cours des 5 années de pénitencier, Toller prend le temps de penser à la conception de son œuvre théâtrale : une nouvelle dramaturgie qui prendrait en compte les réalités politiques et sociales de son temps. En insérant le domaine politique dans le théâtre, il se trouve dans la même pensée que Bertold Brecht et ils parviennent, tous deux, à figurer parmi les auteurs les plus joués sur les scènes allemandes[4].

---

[3] Gustav Landauer, anarchiste révolutionnaire, Commissaire à l'instruction publique et à la culture dans le gouvernement de Kurt Eisner, est arrêté et abattu sans jugement par les militaires prussiens, le 2 mai 1919 à Munich.
Théoricien d'un socialism libertaire, il était, selon Toller, l'un des plus grands esprits de la révolution.
De même Escholer et Eugène Leviné, communistes radicaux, sont arrêtés et exécutés le 5 juillet 1919 à Munich.

[4] Avec Georg Kaiser… Ödön von Horvath… Ferdinand Brückner… Gerhart Hauptmann : voir index des noms cités.

Tandis que Brecht s'oriente vers un théâtre épique, les pièces de Toller s'inscrivent dans la mouvance expressionniste qui oppose au monde bourgeois sclérosé de l'Allemagne impériale défunte l'amour, le rêve, l'espoir d'une société nouvelle.

De la sédentarité carcérale, Toller saura se libérer en édifiant son œuvre théâtrale. Il crée ses personnages, les anime, les place dans des situations politiques sans les couper du réel. Il entrevoit un autre monde, rêve d'une société où il serait possible de résoudre les grands problèmes de l'époque, consécutifs aux luttes sociales. Il reste convaincu que la vie n'est pas seulement gouvernée par la violence, mais aussi par des lois morales[5].

D'une existence, dit-il, dans *Une jeunesse en Allemagne… bien des contours restent dans l'ombre…*

Il disparait sans écrire d'autres témoignages, mais donne la clé pour éclaircir ces contours :

…tous les moments devant en préciser et rendre compréhensible un seul[6].

Tentons de projeter un éclairage sur l'homme révolutionnaire. Et de faire entendre la voix du dramaturge étouffée dans les cendres de ses livres

---

5 Discours à Raguse 28 mai 1933.

6 E. Toller, *Une jeunesse en Allemagne,* Ed. L'Age d'homme, 1974. Traduction de Pierre Gallissaire.

brulés à Berlin[7]. Enfouie sous les dialogues de ses drames, sa voix surgira en un cri, de ses personnages fictifs.

---

[7] Ses livres sont jetés dans l'autodafé du 10 mai 1933.

Ce n'est pas seulement ma jeunesse que je relate ici, mais celle d'une génération en même temps qu'un fragment d'histoire contemporaine.

E. Toller, *Une jeunesse en Allemagne*, p.9

2- UN HOMME DE COMBAT

- A l'école, ils ont détruit notre jeunesse
- A l'école, ils ont démoli nos âmes

E. Toller, *L'Homme et la masse,* p.37 [1]

Samotschin est une petite ville allemande située en Pologne en 1893 au moment de la naissance de Toller. Les habitants de cette ville, Allemands protestants et Juifs, s'entendent à mépriser la population polonaise catholique, seulement tolérée. L'Empire germanique de Bismarck, ne tardera pas à rattacher la localité à la Prusse Orientale.

L'arrière-grand-père de Toller, acquiert un domaine auprès des autorités locales, en échange d'une somme d'argent.

L'acquisition va de pair avec le droit, pour un Juif, de s'installer. Dans cette grande propriété, ses grands-parents disposent de serviteurs, de vaisselle en or ; les écuries sont équipées de mangeoires en argent. Une fabuleuse richesse qui impressionne l'enfant.

Les bâtiments scolaires de cette petite ville, se ressemblent tous, sauf que l'un y reçoit les enfants protestants, l'autre les élèves catholiques, le troisième

---

1 E. Toller, *Pièces écrites au pénitencier,* Ed. Comp'Act, 2002. Traduction Huguette et René Raddrizani

fréquenté par Toller est l'école juive. Tous les enfants apprennent à lire et à écrire de la même façon, mais les enfants juifs subissent les vexations infligées par ceux des deux autres communautés.

Toller est bon ou mauvais élève selon que le professeur lui plait, ou non. Sinon la paresse s'installe. Mais en ce début de XX° siècle, les professeurs restent aveugles à l'évolution des populations. Ils mettent en garde les élèves contre les auteurs français, interdisent les livres d'auteurs comme Gerhart Hauptmann, Ibsen, Strindberg, Wedekind, non conformes aux valeurs nationalistes prussiennes.

Ces mêmes valeurs, imposent aux enseignants une hiérarchie enjoignant aux professeurs des lycées de ne pas saluer les premiers ceux des collèges. Chez les élèves, les jeunes filles flirtent plutôt avec les lycéens qui étudient le grec et le latin, plutôt qu'avec les collégiens qui n'étudient que le grec.

Très tôt, Toller compose des poèmes qu'il adresse à une revue de l'Allemagne Orientale, située dans la petite ville la plus proche. Ils sont publiés.

Attiré par des affiches qui vantent l'Université de Grenoble, il décide de partir étudier dans cette ville. Il ne manque pas d'être impressionné lorsqu'il se trouve en France, cette grande nation, à la terrasse d'un café.

Mais reste peu loquace sur ses études.

Lorsqu'en août 1914, la guerre est déclarée, il rentre aussitôt en Allemagne.

Une forêt ravagée par les obus… un arbre est comme un homme… il croît et meurt.
Une forêt est un peuple. Une forêt ravagée par les obus est un peuple assassiné.

E. Toller, *Une jeunesse en Allemagne*, p. 64.

Toller se présente avec enthousiasme à la caserne de recrutement pour s'engager. Il est accepté dans l'artillerie.

Vêtu d'un vieil uniforme, chaussé de bottes qui font mal aux pieds, il se rend à l'entrainement, vite désenchanté :

On nous dresse de manière insensée[2], dit-il.

En mai 1915, il est envoyé au front en première ligne, à Verdun ; *les balles de fusil s'enfoncent dans la terre par giclées de lumière, des ricochets bourdonnent… nous comptons les secondes…*

A dix dans un groupe, ils se comptent huit le lendemain. La cuvette infernale à l'Est de Verdun est vingt fois reprise par les Français en un monceau de cadavres.

---

2 *Une Jeunesse en Allemagne*, p.55.

Cependant que la guerre s'éternise, circulent des bruits de mutinerie dans les tranchées. Il ne sait de la guerre, que ce qui se passe dans son secteur. Pour le reste, les journaux informent que *les allemands sont vainqueurs sur tous les fronts.* Toller ne comprend plus.

Lorsque le chef demande trois volontaires pour une mission, Toller se présente avec deux camarades : *trois idiots de plus* entend-il autour de lui.

Mais au delà de toute épouvante, la nuit apaise nos coeurs[3].

---

3 *Id.*, p. 69.

- Le plan est établi ? selon les règlements
Trois prix. Trois catégories
Bordel pour les officiers : une nuit
Bordel pour les caporaux : une heure
Bordel pour la troupe : quinze minutes.

E. Toller, *L'Homme et la masse,* p. 28

Vite, Toller est promu au grade de sous-officier. Mais il reste désemparé de la situation militaire sur les autres fronts, et de voir la guerre qui s'éternise.

La guerre se fait vie de tous les jours.
Tous les morts sont des hommes.
Pas un Français mort, pas un Allemand mort.
Un homme mort. [1]

Après 13 mois passés dans les tranchées, il tombe malade. Il est hospitalisé avec une forte fièvre pendant quelques semaines. Sans amélioration manifeste, il est jugé inapte au service armé. Il est libéré.

Redevenu étudiant en Histoire et Littérature à Munich, il déambule dans les rues de la ville, défend ou

---

1 *L'Homme et la masse,* p. 68.

condamne oeuvres et écrivains. Il rêve de gloire littéraire, de manuscrits.

Il rencontre Thomas Mann, lui remet un recueil de poèmes, obtient pour toute réponse : Hm.

Dans une librairie, il croise Rainer Maria Rilke qui lui confie : *il y a des années que je n'ai plus écrit de vers, la guerre a fait de moi, un muet.* [2]

Toller veut oublier la guerre. Il fréquente les galeries de peinture, les salles de concert, aime une femme, visite avec elle les lacs de Bavière, oublie la plainte de celui qui est mort, abandonné entre les tranchées.

Mais bientôt la guerre le rattrape :

Je la rencontre partout… Je vois les camarades tués, déchiquetés. Où je vais, je rencontre des estropiés, des femmes voilées de noir et rongées de chagrin. [3]

---

[2] *Id.*, p.66.

[3] *Id.*, p. 75.

- *Nous refusons la lutte basée sur la violence brutale. Nous avons toujours proclamé que nous voulions vaincre avec des armes morales, des armes spirituelles.*

E. Toller, *Hop-là, nous vivons !*, p.51[1]

Un libraire de Thuringe invite dans son château, des intellectuels de toutes tendances. Ce libraire parvient à réunir des écrivains engagés politiques de tous bords, réformateurs, poètes, sociologues, poètes-ouvriers, professeurs, jeunes gens érudits dont Ernst Toller.

Là, des conservateurs qui appellent les croyants à s'unir dans la conviction que la guerre a été envoyée par le Dieu allemand, qui voient dans l'Europe occidentale athée la malédiction de l'époque, s'assemblent, avec ceux qui sont prêts à se révolter, à supporter la colère des rois et des tyrans, ceux qui militent pour que le droit prussien disparaisse, se mobilisent pour instaurer un gouvernement démocratique.

Etonné lui-même de faire partie de cette assemblée, il remarque que peu d'entre ceux qui parlent ont l'expérience du front. Il ose prendre la parole pour les

---

1 E. Toller, *Hop-là nous vivons*, Ed. EFR, 1966. Traduction de César Gattegno et Béatrice Perregaux

interpeler, les presser d'agir. Mais pour toute réponse il n'obtient que des promesses de réformes, des mots, rien qui puisse changer l'homme.

Il écrit à Gerhart Hauptmann le priant d'user de sa notoriété pour lancer un appel à la paix qui serait entendu. Le courrier reste sans réponse.

Et lorsqu'il demande à son professeur un sujet de doctorat, il lui est proposé : l'élevage des cochons en Prusse Orientale !

Toller adhère à la *Ligue politique et culturelle de la jeunesse allemande*. Il entend bien démontrer qu'au Parti, un prolétaire y apporte toute sa foi. Il milite pour une solution pacifique du conflit : *la guerre a fait de moi son ennemi,*[2] explique-t-il.

Les membres de la ligue sont attaqués par les milices patriotiques qui les traitent *d'indignes et de criminels pacifistes*.

Toller prend la parole dans des assemblées, balbutie gauche, au début, gêné aux premières phrases, puis se met à parler librement et avec aisance trouvant la force dans son discours, pour convaincre qu'il peut, pour l'amour de l'esprit, renverser tout ce qui est figé.

Je veux que personne demande que l'on mette sa vie en jeu, s'il ne se sent capable de mettre lui-même la sienne en jeu…[3]

---

[2] *Id.*, p. 85.

[3] *Id.*, p. 84.

Il poursuit qu'il peut bien vivre dans les plus grandes alarmes, tout en conservant la paix au plus profond de lui-même.

A nous qui haïssons les canons…
la grève ! plus une main ne travaille.
la grève ! c'est notre action.[4]

[4] *L'Homme et la masse,* p. 38.

- Nous les révolutionnaires, nous sommes tous des morts en sursis.

E. Toller, *Hop là, nous vivons !*, p. 28

A Munich, en 1917, les ouvriers et les ouvrières sont en grève, rassemblés pour un meeting. Kurt Eisner doit parler. La police vient l'arrêter, lui et les membres du comité de grève.

L'Assemblée vote une motion, chargeant Toller de diriger une délégation exigeant du chef de la police la libération des prisonniers. Un cortège de 3.000 participants se joint à la délégation.

La préfecture de police étant située proche du palais Wittelsbach, résidence du roi, il faut aux manifestants passer devant le château. Un barrage de militaires les attend armés de fusils. Lorsque le lieutenant donne l'ordre de mettre en joue, Toller commande le retour afin d'éviter le massacre.

A la suite de son geste, qui sauve l'honneur des militaires, les prisonniers sont libérés.

Toller se consacre à la rédaction de tracts appelant à soutenir la grève des 50.000 travailleurs en Bavière. Afin de semer la discorde chez les grévistes, le dirigeant des socialistes de droite Hoffmann, cautionne leurs revendications.

Deux hommes du parti de droite se présentent au domicile de Toller pour l'arrêter, considérant son action illégale. Ils embarquent *le factieux* menottes aux poignets, confisquent les tracts comme preuve de la sédition. Lors de l'interrogatoire on lui demande où sont *les millions d'or* qui servent à financer les grèves. Il leur rit au nez : *nous avons donné nos derniers sous pour acheter le papier pour les tracts.* [1]

Tandis qu'on le transfère à la prison militaire, il entend les cris des anti-grévistes, à son encontre : *assassin.*

Incarcéré dans une cellule, quelques heures par jour sont assez claires pour la lecture. Il en profite pour s'informer, lire Karl Marx, Engels, Bakounine, Rosa Luxemburg. Les autres prisonniers sont, pour la plupart, des soldats déserteurs. On l'affuble d'un uniforme afin de le considérer comme tel.

Puis il tombe malade avec une forte fièvre. Transporté à l'infirmerie de la prison, les quelques lits qui s'y trouvent sont assaillis par toute une faune de voleurs, mutins, traitres à la patrie, auxquels il est assimilé.

Après une visite médicale, il est enrégimenté de force, reste le cœur lourd, mais tout de même heureux d'en sortir.

---

1 *Une jeunesse en Allemagne,* p. 91.

Libéré de ses obligations militaires au cours de l'été 1918, Toller se rend à Berlin. Il constate que la population allemande est abusée par le gouvernement impérial qui impose la poursuite du conflit, tandis que l'euphorie guerrière a totalement disparue, les engagés volontaires devenus rares, la famine installée, la misère croissante.

Dans la nuit du 3 au 4 octobre 1918, l'Etat-Major allemand adresse une note au Président Wilson – ignorant Clémenceau – pour une proposition de paix. Le peuple allemand ne se doute pas de la catastrophe : des milliers de morts et d'handicapés, pour rien. L'offre de paix n'émane pas du Parlement ni du gouvernement, mais des généraux de la vieille caste dominante qui veut sauvegarder l'armée, éviter l'invasion du territoire, imminente par les forces alliées : les ultimes défenses allemandes sur les frontières viennent d'être enfoncées et les alliés commencent à pénétrer dans le pays.

L'Etat-Major allié ne se presse pas pour apporter sa réponse. [2] Ajoutant au désordre, les marins de la flotte allemande se révoltent, préférant *une mort dans l'honneur à une paix honteuse.*

---

2 La réponse n'arrivera qu'en novembre 1918, la demande d'armistice étant cette fois, adressée au maréchal Foch, commandant en chef des forces alliées, et qui avait l'aval de Clémenceau.

Les ouvriers berlinois se mettent en grève, hissent le drapeau rouge, ce qui a pour effet de libérer des prisonniers politiques dont Karl Liebknecht et Rosa Luxemburg.

L'Empereur Guillaume II et les princes s'enfuient en Hollande. Toller prend la parole dans un meeting d'étudiants à Berlin.

Dans la confusion générale, Karl Liebknecht proclame *La République sociale allemande,* proclamation qui restera sans effet.

- De même que la Mer du Nord et la Baltique grignotent de plus en plus de terre sans que nous nous en apercevions, de même nous entrerons dans l'Etat socialiste sans nous en apercevoir...
Ainsi l'humanité passera du règne de la nécessité au règne de la liberté.

E. Toller, *Hinkemann*, p. 123

Au début du mois de novembre 1918, Ernst Toller est invité par Kurt Eisner à Munich. A la veille de la défaite de la Grande Guerre, le Royaume de Bavière, à son déclin, est pris de panique. La population craint une invasion par les troupes italiennes qui passeraient en traversant l'Autriche dont le front s'est effondré.

Le 7 novembre 1918, Kurt Eisner prend la tête d'une manifestation avec les socialistes de gauche, suivis de 200.000 personnes gagnées à la cause de la chute de la monarchie. Devant ce vaste soulèvement populaire, le roi Louis III de Bavière prend la fuite.

La République est proclamée à Munich, Kurt Eisner est élu Premier Ministre de l'*Etat Libre de Bavière* et forme un gouvernement provisoire.

Toller est élu *Président des Conseils d'ouvriers bavarois.*

Kurt Eisner et Ernst Toller estiment que *jamais plus les maîtres du capitalisme ne réussiront à déclarer des guerres.* [1]

Ces propos attisent la haine des partis réactionnaires allemands.

A Munich le 21 février 1919, alors qu'il se rend au Parlement, Kurt Eisner, Premier Ministre de l'Etat de Bavière, tombe sous les coups de feu du comte Arco-Valley, un jeune homme de 21 ans. A la séance d'ouverture de la session, un ouvrier indigné tue un député le pensant responsable de l'assassinat d'Eisner. Cela crée l'affolement parmi les députés qui s'enfuient du Parlement abandonnant mandats, manteaux et chapeaux.

Kurt Eisner, selon Toller, était un homme d'une autre dimension intellectuelle que les autres socialistes de gauche comme de droite, *mais on ne peut socialiser, dit-il, que lorsqu'il y a quelque chose à socialiser, ce qui n'est pas le cas en Bavière.* Toller distingue Eisner par son immense courage et sa volonté d'agir : *Il ne craignait pas la mort. Les masses ne suivent que celui qui a consciemment surmonté la peur de la mort.* [2] L'un des rares allemands à reconnaitre en Clémenceau, un pionner de la démocratie européenne.

---

1 *Une jeunesse en Allemagne,* p. 113.

2 *Id.,* p. 117.

Mais les gouvernants et les militaires français ne songeaient nullement à soutenir la République de Bavière.

- Je trahirais la masse
si j'exigeais la mort d'un homme.

E. Toller, *L'Homme et la masse,* p. 82

La présidence laissée vacante par la mort de Kurt Eisner laisse la Bavière dans une grande confusion. La vice-présidence est proposée à Toller qui la refuse, compte tenu des oppositions qui se font jour et disqualifient les prétentions à gouverner pour les socialistes de gauche.

Deux formations revendiquent le pouvoir :
- le parti socialiste de droite dirigé par Hoffmann, installé dans le nord de la Bavière.
- le parti communiste bavarois, jusqu'alors de peu d'influence, qui siège à Munich, occupe le sud de la Bavière et tient pour nul l'Etat libre de Bavière, instauré par Eisner. Le Parti communiste proclame *La République des Conseils ouvriers,* l'installe dans la capitale bavaroise sans tenir compte des oppositions.

Dans la nuit du 6 au 7 avril 1919, les délibérations se révèlent indécises, ignorantes de la situation. Il est proposé à Toller, successivement, trois commissariats qu'il refuse l'un après l'autre, sachant cette administration dans l'incapacité à gouverner.

En dernier ressort, il est proposé à Toller de diriger un nouveau gouvernement.

Dès sa nomination, il est accablé de réclamations. Des obstructions surgissent de toutes parts, qui paralysent toutes les actions. Avant même la prise d'une décision, les communistes fomentent un putsch, s'emparent du pouvoir, mettent Toller en état d'arrestation. Il doit sa libération à ses soldats républicains.

Nommé commandant d'un secteur de l'Armée Rouge, Toller, avec ses compagnons reprend le combat contre les forces de droite, à la tête de 2.000 hommes. Ils assiègent la ville de Dachau – en 1919, bien avant les camps – désarment le bataillon de soldats d'Hoffmann qui défendait la ville, font prisonniers 36 soldats et 5 officiers, leur commandant prenant la fuite.

Quand Toller reçoit l'ordre de l'Etat-Major de fusiller tous les prisonniers, il déchire l'ordre, ordonne de traiter les prisonniers comme ses propres soldats. Puis il offre à tous le choix de combattre ou de rentrer chez eux, appliquant ainsi ses convictions d'humaniste.

La moitié de l'armée se disperse et choisit le retour au foyer.

- Le Prussien…
C'est le héros allemand ! la culture allemande ! la poigne allemande ! la puissance allemande ! la coqueluche des femmes du monde ! il réduit les pierres en bouillie… étrangle de deux doigts trente deux personnes ! qui le voit prend la fuite !

E. Toller, *Hinkemann,* p. 112

Dans le même temps, au nord de la Bavière, chez les socialistes de droite, Hoffmann élu Premier Ministre forme un contre-gouvernement dont il établit le siège à Bamberg, dans son fief.

Il s'empresse d'emprisonner tous les communistes qui s'y trouvent, constitue des troupes pour combattre ceux qui détiennent Munich et reprendre la ville. Il demande l'aide militaire de la Prusse, afin d'organiser une armée de 100.000 hommes, reconquérir la Bavière et la réintégrer dans l'autorité centrale de Berlin.

En face d'eux, il ne reste que 500 ou 600 ouvriers déterminés au combat qui estiment que toute négociation est une trahison mais qui devront céder à la force.

Le 30 avril 1919, les Prussiens, fer de lance des troupes d'Hoffmann engagent l'affrontement. Après de violents combats, ils cernent la ville de Munich, exigent la reddition et la capture de tous les chefs socialistes et communistes.

La révolution est vaincue.

Le gouvernement a mis ma tête à prix. Aux Colonnes Morris sont placardées des affiches :

10.000 marks sont offerts

pour tout renseignement pouvant conduire à ma capture.

E. Toller, *Une jeunesse en Allemagne*, p. 159

Désormais à Munich, les socialistes de droite gouvernent la Bavière, présidée par Hoffmann.

Les dirigeants de gauche Escholer et Leviné, dès leur arrestation sont exécutés sans jugement.

Toller recherché, se cache dans la ville. Un ami lui apporte un passeport qui lui permettrait de s'enfuir. Il le dédaigne, trouve refuge chez un médecin qui le mène dans la demeure d'un prince bavarois où l'on ne viendra pas le chercher.

Un tract est apposé à travers la ville portant sa photographie et la mention : *Coupable de haute trahison. Sa tête mise à prix avec 10.000 marks de récompense pour sa capture.*

Commentaire de Toller : la photo est mauvaise.

Tôt un matin, un groupe de militaires se présente pour fouiller la maison. Ils arrêtent le portier sans trouver Toller.

Rainer Maria Rilke vient le voir : *je suis désolé, mais vous ne seriez pas en sécurité chez moi.* [1]

Effectivement, peu après le poète indésirable aux Prussiens est expulsé de la ville.

Les autorités poursuivent Toller, le recherchent dans les trains, les villages, les châteaux, aux frontières autrichiennes et suisses. Son signalement est placardé jusque dans les hameaux. On maltraite ses amis pour leur faire dire l'endroit où il se cache, perquisitionne leurs demeures avec zèle. Les policiers veulent gagner les 10.000 marks.

Il lit dans la presse qu'il a abattu un policier venu l'arrêter.

Un jour, il reçoit la visite d'une femme qui se dit être membre du Parti. Elle déclare qu'elle peut le faire sortir de Munich. Le lendemain, 4 juin 1919, la police vient l'arrêter. Menottes aux poignets, on le conduit au bâtiment cellulaire de Stadelheim. A l'entrée, il remarque l'inscription : *ici on fait du boudin et du saucisson avec du sang de spartakiste.*

Le personnel de la prison l'accueille aux cris de : *ce chien, fusillez-le.* [2]

---

1 *Une jeunesse en Allemagne,* p. 163.

2 *Une jeunesse en Allemagne,* p. 171.

Mis dans une cellule, un forgeron rive l'extrémité d'une chaîne à sa cheville. Toller lui rit au nez :

- *Le rire va vous passer dit le gardien.*
- *Seulement si vous arrivez à enchainer mes pensées.* [3]

Par un garde, il sait se trouver dans la cellule qu'occupait Leviné avant d'être exécuté sans procès. Il apprend que le dirigeant socialiste est tombé en criant : *vive la révolution sociale.* [4]

A Berlin, le ministre adressera un télégramme au commandant en chef des armées prussiennes, faisant part de ses remerciements pour les succès des troupes à Munich.

Après bien des difficultés, le gouvernement de Weimar finira par imposer son autorité politique et par obtenir des généraux prussiens, qu'aucun prisonnier désormais, ne puisse être soustrait à des juges.

Ainsi, Toller obtient de passer en jugement les 14, 15 et 16 juin 1919. Le jour de son procès, une jeune nonne lui glisse dans la main une petite croix : *elle vous protègera toute votre vie,* lui dit-elle, convaincue.

Escorté de deux gendarmes, il pénètre dans la salle du tribunal, remarque le cadre accroché au mur, représentant le roi Louis III, alors détrôné. Le cadre n'a

---

[3] *Id.*, p. 167.

[4] *Id.*, p. 173.

pas encore été remplacé. Il constate dans les tribunes, que les mêmes hommes qui poursuivaient, sous la royauté, les pacifistes et les socialistes, poursuivent à présent, les révolutionnaires. Il ne manque pas de porter un jugement sur les juges, de voir que de ces uniformes à galons, de ces robes de magistrats, de ces costumes chatoyants, sortent des têtes *avec des yeux froids comme des scalpels bleu d'acier;* [5] que des juges, à qui incombaient de protéger la monarchie, depuis renversée, le font comparaitre *pour haute trahison* pour le compte de la République de Weimar, que ce sont les mêmes juges de l'ancien pouvoir, qui le traduisent devant eux.

Toller rougit de honte d'avoir autorisé ses avocats à faire venir Thomas Mann afin d'obtenir un jugement plus clément. Romain Rolland intervient chaleureusement en sa faveur. Mais Toller se sent peu fier de mentir en constatant ce qu'il a fait, reniant avoir écrit les tracts pour complaire aux jurés. Il souhaite vivement qu'on ne le croie pas. Mais apparemment, les juges le croient.

Devant le tribunal défilent les témoins en sa faveur. Tous font part de leur conviction pour qu'un acquittement soit prononcé. Son avocat Hugo Haase déclame sa dernière plaidoirie. [6]

---

5 *Id.*, p. 178.

6 Hugo Haase sera fusillé peu après.

Toller prend la parole en dernier. Il dit qu'en tant que révolutionnaire, il n'a jamais été question pour lui, de changer l'état des choses existantes par la violence.

Il est reconnu coupable *de haute trahison mais avec circonstance atténuante pour des motifs nobles :*

- Condamné à 5 ans de forteresse.

- Alors l'homme est seul.
Alors s'ouvre un abîme qui s'appelle : sans espoir.
Alors miroite un ciel qui s'appelle : sans bonheur.
...
Alors s'étrangle une nuit qui s'appelle : sans amour.
Mais alors, qui nous aide ?

E. Toller, *Hinkemann,* p. 136

Sur le quai de la gare de Munich sont rassemblés de nombreux travailleurs venus apporter leur soutien à Toller. La chaleur de cette camaraderie lui redonne des forces. Deux fonctionnaires de la police le conduisent par le train à la prison-forteresse de Niederschönenfeld située dans la plaine marécageuse de Bavière.

La forteresse est ceinte de murailles cerclées de fils de fer barbelés, défendue par des canons et des mitrailleuses. Une centaine de prisonniers sont enfermés dans des cellules étroites. Liés par une fraternelle solidarité cette proximité lui en apprend davantage sur les ouvriers que tous les livres. Mais après quelques mois, la promiscuité devient insupportable.

Tous conservent l'espoir qu'advienne la Révolution Mondiale, une joie générale intervient lorsque le parlement à Berlin, décrète une amnistie pour les prisonniers politiques. En Allemagne ils sont tous libérés tandis que ceux de la forteresse attendent l'ouverture des grilles : on leur fait savoir que l'amnistie ne s'applique pas en Bavière.

Le poète Erich Mühsam, interné, se permet d'attirer l'attention du directeur de la prison, sur l'état mental d'un condamné. Il est puni de six semaines de détention disciplinaire.

Une punition courante dans la forteresse est d'imposer des nuits à passer dans un cachot, des privations de sortie dans la cour, au moindre prétexte ; la suppression de colis, de visites, de correspondance ou de nourriture est fréquente.

Ce sont des *bêtes féroces rouges* tandis que le comte Arco meurtrier d'Eisner, est autorisé à des sorties en ville.

Les prisonniers constatent les mensonges que la police livre à la presse par de gros titres dans les journaux : *nouvelles tentatives de putsch fomentées par Mühsam et Toller*, peut-on lire tandis que ceux-ci rongent leur frein derrière les hautes murailles.

Les jours de printemps, Toller est distrait par des hirondelles qui voltigent autour de sa lucarne. Quelques unes en viennent à adopter l'endroit pour faire leur nid dans sa cellule. Cela lui inspire quelques poèmes qu'il titre : *Le Livre des hirondelles*. Le petit manuscrit, pourtant bien caché, est repéré par les gardiens qui le soumettent à la direction. Les poèmes sur les hirondelles sont jugés comme *des provocations qui incitent à l'agitation sociale.* La plaquette est confisquée, les nids d'hirondelles, détruits.

La liberté d'esprit est poursuivie comme un crime. Toller en revendique le droit en tant que *prisonnier d'honneur politique,* n'ayant pas demandé la grâce, résolu à ne jamais la demander.

Ancien révolutionnaire, il ne peut endurer le temps de sa condamnation qu'en détenu révolté : braver l'interdit de l'écriture, enfreindre les règlements absurdes, - *libéré du joug des règlements,* - dit-il, méconnaitre les obligations contraignantes. Il doit faire en sorte que sa volonté de liberté, se maintienne, indomptable.

Rejeter le présent, désormais vide de sens, pour revenir dans le passé, puisque seul le passé, estime-t-il, mérite que l'on parle de lui.

De ce passé, il en parlera à lui-même, seul dans sa cellule en écrivant ses pièces.

L'art peut-il rester en dehors du contexte social et politique ?
...car la culture et l'art ont effectivement à voir avec la politique.

Klaus Mann, *Contre la barbarie*, Phébus, 2009, p. 337.

3- UN DRAMATURGE

- Nous, éternellement emprisonnés
Nous livrés
Aux mécanismes de systèmes qui nous narguent
Nous, sans visage dans une nuit de larmes
... nous crions :
A quand notre délivrance ?

E. Toller, *L'Homme et la masse,* p.35

Une détention de cinq années, Toller la transforme en une vie intense au cours de laquelle il écrit de nombreux textes et conçoit son œuvre de dramaturge.

Puisque seul le passé *mérite que l'on parle de lui,* il repense aux derniers évènements : [1] en quelques semaines, tout est allé très vite : un monde a basculé, une dynastie millénaire abolie, le dernier roi de Bavière, en fuite. Puis la République, le pouvoir, le combat, l'échec, l'arrestation. Les compagnons de lutte fusillés ou en prison, annihilent toutes les perspectives d'avenir.

Agé de 26 ans, entre quatre murs, le voici dans l'impasse.

---

[1] Les soulèvements à Berlin de novembre 1918 à janvier 1919. Les soulèvements à Munich de novembre 1918 à avril 1919.

Une autre voie s'ouvrirait-elle ?

Reprendre le combat, même derrière les barreaux, c'est possible avec d'autres armes : la réflexion, l'écriture, le théâtre ; en s'appuyant sur de nouveaux alliés : les jeunes metteurs en scène, les mouvements artistiques naissants dont l'expressionnisme qu'il adoptera pour le style, les nouveaux thèmes pris dans l'actualité et une dramaturgie à créer :
- les conséquences des échecs politiques qui remettent en cause l'avenir des classes sociales et leur évolution culturelle.
- la douleur des mutilés, anciens combattants de la grande Guerre, les dizaines de milliers d'handicapés qui doivent se réadapter à la vie quotidienne, de chaque côté du Rhin.
- la violence qui le révulse, la brutalité des militaires prussiens désormais pratiquée à grande échelle par un groupuscule d'enragés au nom du national-socialisme.
- l'inquiétude croissante, en voyant se convertir à la nouvelle idéologie, une population exaltée par les promesses de fanatiques.

Autant de réflexions, de projets à partir desquels il pourra faire la révolution par la révolution dans le théâtre, introduire sur la scène les prolétaires, ces nouveaux acteurs, leur faisant tenir un autre langage avec leurs mots réécrits plus vrais que nature.

L'homme ne se sent jamais aussi libre que lorsqu'il est prisonnier. [2]

Ainsi, sédentaire par obligation, Toller, libre de ses pensées peut s'évader en s'immergeant dans son univers théâtral. Il peut revivre les évènements par la pensée afin de reproduire la vie dans le théâtre, ou d'en créer l'illusion.

L'écriture, notamment l'écriture de théâtre, peut être conçue comme étant un double du réel. [3] dit Michel Vinaver.

Par un art en relation étroite avec les bouleversements sociaux, Toller peut recréer un monde pour *donner une signification poétique éternelle à des problèmes d'actualité.* [4]

Quand les idées sociales et politiques sont introduites dans le théâtre moderne, je crois que la scène a tout à y gagner. [5] confirme Max Reinhardt.

Livré à ses réflexions, Toller s'emploie à démêler les problèmes soulevés par la révolution à Munich. Il cherche à savoir quelles étaient les aspirations des ouvriers, leur légitimité toutes tendances confondues. Il tente d'analyser la responsabilité de l'individu dans les cas où l'usage de la violence est inévitable, si ce sont les

---

2 Nous fera savoir Jean-Paul Sartre, trois décennies plus tard.

3 *...c'est la même idée que celle du miroir,* poursuit Michel Vinaver Journal *Le Monde* du 28 novembre 2015 – propos recueillis par Fabienne Darge.

4 *Pièces écrites au pénitencier,* p. 176.

5 *Max Reinhardt,* p. 49, Jean-Louis Besson, Actes Sud, 2010.

impulsions sociales qui incitent les masses à la révolte, et non pas la misère et la faim. Il confronte la conscience individuelle de l'homme à la responsabilité collective, qu'il nomme *masse populaire collective. Et qu'au XXème siècle, les masses sont moins ignorantes que les précédentes, mais se laissent tout autant détourner par les promesses d'hommes politiques…*

…et se rend compte qu'il tient le sujet de sa prochaine pièce de théâtre.

- *Dix heures dans les mines…*
Voilà le sort des masses, jour après jour…

E. Toller, *L'Homme et la masse,* p.42

Dissimulé sous la table de sa cellule, une couverture par dessus-lui, Toller écrit sa pièce *L'Homme et la masse*[1] en très peu de jours et quelques nuits, couché à plat-ventre sur le sol, à la lueur d'une bougie, jusqu'au matin.

Tout à la rédaction de sa pièce, Toller se demande si, les idées morales seules peuvent parvenir à être victorieuses, ou s'il faut utiliser la violence pour atteindre leur but.

Il ne peut dissiper son doute, cette contradiction lui semble insoluble : *je ne pouvais la maitriser qu'en faisant ressortir, par des procédés dramatiques, les lignes qui déterminent le fond des choses.* [2]

---

1 Le mot masse est d'un usage courant pour désigner la population ouvrière à cette époque. Même en 1953, dans une note à Walter Ulbricht, dirigeant de la RDA. Bertold Brecht qui soutient les grèvistes, lui conseille de … *discuter avec les masses pour construire le socialisme.*

2 *Une jeunesse en Allemagne,* p. 214.

Le prolétaire qui est aujourd'hui sur la scène porte un drapeau... Aujourd'hui, le prolétaire n'est pas un homme de sentiment, il est le promoteur d'une idée.

E. Toller, discours du 30 mars 1927[1]

Dans les capitales européennes l'effervescence artistique qui accompagne les grands bouleversements politiques se manifeste au début de l'année 1919, dès l'immédiat après-guerre.

Après les révolutions réprimées à Berlin et à Munich, au sein même des conflits sociaux, rayonnent les mouvements artistiques d'avant-garde : positiviste en URSS, expressionniste en Allemagne, surréaliste en France.

A Paris naissent également le mouvement futuriste importé par un Italien venu de Rome et le dadaïsme créé par un Roumain habitant Zurich. [2]

---

1 *Faire du théâtre, c'est-à-dire lutter, c'est être radical ou ne pas l'être. Le prolétaire qui est aujourd'hui sur la scène porte un drapeau et c'est cela qui gêne les petits bourgeois...*

Ernst Toller, discours du 30 mars 1927 lors de l'assemblée à la Volksbühne. *Le théâtre politique*, p. 104, L'Arche, 1972.

2 Marinetti (1876- 1944) Tristan Tzara (1896 – 1963)

Si ces courants artistiques se développent à travers la danse, la littérature, la poésie, la peinture, la musique, l'architecture, ils ne manquent pas de se révéler également par des textes dramatiques.

Une nouvelle écriture, des mises en scène dépoussiérées, un nouveau public plus large que le précédent, apparaissent. Les jeunes auteurs viennent à point, attendus par des metteurs en scène dans une même pensée, impatients de faire connaitre leurs nouvelles théories par des scénographies ancrées dans l'époque, les techniques modernes, les changements de décors. Leur but est d'intéresser ceux qui n'avaient pas, jusqu'alors, accès au théâtre.

A Paris, à Moscou, à Berlin, quelques metteurs en scène portés par l'élan paneuropéen saisissent ces pièces qui offrent une autre vision par leurs appels au monde ouvrier et veulent faire d'un spectacle une œuvre d'art.

Certains sont connus pour avoir déjà monté des pièces d'Ibsen qui traitent des problèmes de société, de Maeterlinck célèbre par ses études sur l'organisation sociale des insectes – et des hommes –, de Tchekhov qui décrit l'épuisement d'une société finissante, tout en mettant en relief les allusions discrètes à la condition des serfs sous les tsars. La pièce d'Octave Mirbeau, *Les affaires sont les affaires,* scandalise tant par son contenu qui démontre la puissance de l'argent que par le fait d'être représentée à la Comédie française.

L'élan paneuropéen s'étend à Rome avec les scènes qui s'ouvrent au théâtre de Pirandello, à Londres avec G.B. Shaw et Oscar Wilde, bien que tous deux Irlandais, à Dublin avec Synge, Yeats, O'Casey.

A Paris, les révolutions artistiques ne sont pas en reste. Dans le prolongement des expériences naturalistes et symbolistes de Lugné-Poe et d'Antoine, un russe exilé Diaghilev, bouleverse la scène faisant appel pour les décors à Sonia et Robert Delaunay, Picasso, Max Ernst, Juan Gris ; à Ravel, Debussy, Satie, Stravinsky pour la musique, à Cocteau pour les textes.

Le metteur en scène Jacques Copeau, directeur du Théâtre du Vieux Colombier s'adjoint les jeunes Louis Jouvet et Charles Dullin pour la recherche de nouveaux dispositifs scéniques. Ils s'emploient à dépouiller un théâtre figé dans ses traditions, tandis que Georges Pitoëff expurge les influences symbolistes et naturalistes périmées.

Tous recherchent un public populaire, comme, plus tard Jean Vilar.

A Moscou, depuis quelques années déjà, Stanislavski applique des théories expérimentales dans ses mises en scène. Mais c'est un jeune russe d'origine allemande, Meyerhold, qui donne le ton. En 1917 Meyerhold se déleste de son éducation luthérienne pour rallier la Révolution. Il devient l'un des plus inventifs metteurs en scène pour ses recherches de formes et d'expressions nouvelles. En rupture avec le théâtre au temps des tsars, il veut attirer dans les salles, le monde ouvrier. Nommé directeur du Théâtre de la Révolution, il élargit le répertoire aux jeunes auteurs russes révélés après 1917. En créant à Moscou la satire *Mystère-bouffe* de Maïakovski[3], Meyerhold enclenche le mouvement d'avant-garde positiviste – que Malevitch nomme par dérision, constructiviste – appelé expressionniste en Allemagne.

Meyerhold à Moscou, Max Reinhardt à Berlin, tous deux innovent incluant de nouveaux aménagements techniques pour les décors, déterminés à poursuivre les représentations dans les usines, les cirques et même, pour Max Reinhardt, sur les parvis des cathédrales d'Allemagne et d'Autriche.

Max Reinhardt[4], à Berlin, élargit la scène du Deutsches Theater qu'il dirige depuis 1905, impose un rythme, inclue un sport, parfois un acrobate, des danseurs, des musiciens, des chanteurs, dans ses mises en scène. Il est le premier à utiliser un plateau tournant mécanique. Puis il fait construire un bâtiment pouvant accueillir 3200 spectateurs.

---

[3] La pièce est donnée avec succès. Mais les suivantes déçoivent le pouvoir politique et conduisent à l'échec les représentations de *La Punaise* (1929) et de *Les Bains* (1930) et au suicide de Maïakovski (1931).

[4] *Dans l'Allemagne d'autrefois, quand on pensait au mot théâtre, on pensait immédiatement : Max Reinhardt, Klaus et Erika Mann.*

Fuir pour vivre, p. 331, Autrement, 1939

En 1919, l'une des premières pièces de Toller, écrite avant son emprisonnement, *Die Wandlung* – traduite par *Conversion* – intéresse un jeune metteur en scène Erwin Piscator qui l'inscrit dans ses projets.

Cette pièce, écrite en pleine guerre, les scènes polycopiées par Toller lui-même à l'hôpital militaire, est distribuée aux femmes pendant la grève de 1918 : *une seule chose comptait alors dans mon œuvre, travailler pour la paix*[5] dira Toller.

Piscator, dont chaque mise en scène prend l'allure d'un défi, fait part à l'auteur de son intention de monter la pièce d'une façon réaliste. Il souligne ses points de désaccord. D'après lui, un individu qui appelle *tous les hommes ses frères* s'inscrit dans un théâtre réactionnaire, même s'il prend partie contre la guerre. Cet individualiste, selon Piscator, *se place d'emblée contre le collectivisme.*

Ce qui n'emporte pas l'adhésion de l'auteur. D'autre part, Piscator entend libérer le style des marques trop *intempestives du lyrisme expressionniste,* afin que le texte reste *fonctionnel.*

Mais l'auteur entend au contraire susciter l'émotion chez le spectateur, mettre en avant l'humanisme par le style expressionniste. Toller ne voulant rien céder, la pièce reste dans le domaine des projets[6].

---

5 *Pièces écrites au pénitencier,* p. 177.

6 Cette discussion anticipe celle qui aura lieu quelques années plus tard, à propos de la mise en scène de *Hop là, nous vivons !*

La plupart des pièces d'auteurs contemporains relèvent de la littérature.
Pour monter de telles pièces le metteur en scène est absolument nécessaire.
La tâche du metteur en scène est de faire sortir le texte du tombeau livresque.

Max Reinhardt, p. 63

Mais s'ils veulent attirer un public de tous les niveaux sociaux, l'auteur et ses nouvelles pièces, le metteur en scène et ses nouvelles théories, restent dépendants l'un de l'autre.

Au cours des années 1920, apparaissent plusieurs formes d'expression sur les scènes : le théâtre prolétarien de Toller, le théâtre épique de Brecht.

Les deux auteurs occupent largement les scènes d'Allemagne auxquels se joignent Ödön von Horvath et Gerhardt Hauptmann ; Ferdinand Brückner, introduit la psychanalyse avec sa pièce *Maladie de la jeunesse* ; Georg Kaiser offre une vision de la grande industrie avec *Corali* premier volet de sa trilogie intitulée *Gaz* et *Gaz II,* montée au Théâtre Schiller à Berlin. La pièce traite de la richesse, de la puissance, de la vie moderne sans parvenir à rendre l'homme heureux.

Bertold Brecht, âgé de vingt ans en 1918, étudiant en médecine, n'est encore qu'un infirmier opérant à Augsburg en Bavière. Il fréquente les milieux artistiques et le Conseil des travailleurs de Munich, tient la rubrique théâtrale du journal socialiste de la région. Concerné par les évolutions artistiques, il n'a pu éviter de croiser Toller avec lequel il se retrouve, à faire intervenir l'art dans l'Histoire, avec la même conviction. Brecht débute avec une version de *Tambour dans la nuit* montée à Munich et reçoit le prix Kleist. Puis il est invité à donner des représentations au Deutsches Theater de Max Reinhardt, à Berlin.

A la fin de l'année 1920, Ernst Toller parvient à tromper la vigilance des gardiens et fait sortir clandestinement de la prison le manuscrit de *L'Homme et la masse.* Transmis à son éditeur, le manuscrit est aussitôt publié.

Erwin Piscator s'y intéresse, souhaite à nouveau monter une pièce de Toller. Mais, faire part de ses suggestions, s'entretenir avec l'auteur est impossible : il purge sa peine derrière les murailles.

Après réflexion, il renonce, jugeant la pièce *empêtrée dans les vieilleries expressionnistes.* Piscator estime que l'auteur n'est plus en rapport avec l'idée que lui-même se fait du théâtre, bien qu'ils aient tous deux, la même vision de cet art. Décidément il ne peut se rallier à l'écriture même de Toller[1].

L'Homme et la masse disponible, Max Reinhardt s'en empare, met son grand théâtre à la disposition d'un metteur en scène qui en assurera les représentations.

Le soir de la première, selon Toller, est assassiné Walter Rathenau[2]. La salle est surchauffée. Lorsqu'au dernier acte, le peuple excité par un traitre tue son chef, les 3200 spectateurs se lèvent spontanément, la scène devenant une tribune de l'époque.

Jamais le théâtre n'avait été à ce point, la tribune de son temps… au centre des combats de l'opinion publique[3] écrira Toller.

Tandis que la pièce suscite des polémiques, elle est également programmée à Nuremberg, Toller piétine toujours derrière les barreaux. Certains spectateurs trouvent la pièce révolutionnaire et bolchevique,

---

1 Piscator se tourne alors vers Erich Mühsam et monte sa pièce sur les anarchistes *Sacco et Vanzetti* ; puis vers Bertold Brecht avec *Mère Courage* et *Grandeur et Décadence de la ville de Mahagonny*.

2 Le soir de la première selon Toller sans préciser la date :
Selon d'autres sources, le soir de la première a lieu le 29 septembre 1921. La discordance vient que Walter Rathenau est assassiné le 24 juin 1922.
Ministre des Affaires étrangères de la République de Weimar, Walter Rathenau est assassiné par des membres de l'extrême-droite, devenu leur cible pour avoir signé un traité avec l'URSS et en tant que Juif.
Une jeunesse en Allemagne, p. 216.

3 *Pièces écrites au pénitencier*, p. 178.

d'autres la trouvent contre-révolutionnaire, trop pacifiste, parce qu'elle rejette la violence.

La polémique sera de courte durée : le gouvernement de Bavière interdit les représentations, même privées, pour le motif d'*incitation à la haine des classes.*

Quand, dans sa prison, Toller reçoit un exemplaire en anglais adressé par son éditeur londonien, le livre est confisqué.

Ernst Toller devient l'un des premiers dramaturges à mettre en question la légitimité de l'usage de la violence au cours des révolutions sociales et de l'impossibilité de mener à bien, dans notre société, une révolution humanitaire non violente[4] .

Il en a lui-même éprouvé l'incompatibilité lorsque, socialiste méprisant la violence, il détestait voir le sang versé. En commandant les hommes au combat, il a bien été contraint de les laisser employer la violence. Un conflit insoluble et tragique :

Ceux d'en face ne nous épargnent pas.
On ne peut pas mener un dur combat
Avec des regards pieux[5]

---

4 Huguette et René Radrizzani, postface *Pièces écrites au pénitencier,* p. 199.

5 *L'Homme et la masse,* p.60.

Je suis un homme perdu... je suis une maladie qu'on cache, vois-tu, je suis un pantin dont ils ont tiré les ficelles jusqu'à ce qu'il casse.

E. Toller, *Hinkemann*, p. 97

Dans sa cellule, Toller se pose la question : comment, en prenant la réalité comme point de départ, ces millions de jeunes soldats mutilés que l'on rapatrie dans leur foyer, verront-ils la vie à leur retour du front ?
Ces handicapés, amputés, défigurés, trépanés, gazés, époumonés, qui n'ont pas échappé totalement aux obus, ni aux gaz, comment vont-ils se réintégrer dans une société elle-même mutilée par les conflits sociaux, le chômage, la misère, l'antisémitisme et précisément la question qui préoccupe Toller, comment s'effectue le retour d'un homme qu'une blessure rend impuissant ?

L'écrivain se met à la rédaction de cette pièce qui relate l'état de conscience d'un homme qu'il nommera Hinkemann imaginé parmi les milliers de blessés de la Grande Guerre des deux côtés du Rhin et les défigurés qu'en France on appelait les Gueules cassées.

Tandis qu'il est absorbé par l'écriture de sa pièce, une occasion s'offre à lui de s'échapper, au cours d'une sortie pour des soins chez le dentiste. Mais il en est au troisième acte, ne veut pas interrompre le rythme des dialogues. Il choisit de remettre la réalisation de l'évasion à la prochaine sortie.

Entretemps, un autre prisonnier en mal de dents, tente la fuite, et réussit… à la suite de quoi toutes les sorties médicales à l'extérieur de la prison sont supprimées !

Toller parvient, clandestinement, à transmettre le manuscrit d'Hinkemann à différents théâtres. Le Théâtre de Leipzig le reçoit et monte la pièce. Le Théâtre Municipal de Dresde l'accueille favorablement et l'intègre à son répertoire.

Une personnalité hostile à la pièce achète 800 billets et des sifflets, distribués à des jeunes déchainés afin de perturber le spectacle par des tumultes à chaque scène comportant des passages pacifistes[1] .

De 1926 à 1932 la pièce est jouée dans les grandes villes allemandes et dans 13 pays totalisant 38 mises en scène différentes.

Publiée aux Editions Comp'Act au printemps 2015, Christine Letailleur la met en scène au Théâtre National de Bretagne, à Rennes, en confie le rôle titre à Stanislas Nordey. La pièce est jouée en avril 2015 au Théâtre de

---

1 *Une jeunesse allemande,* p. 217.

la Colline à Paris[2], avec succès, puis en tournée dans les villes de province.

Le spectacle tient sur le jeu de Stanislas Nordey, sobrement, émouvant, dense et sur la pièce elle-même qui nous parle directement aujourd'hui. Parce que l'histoire inventée par Toller vous broie le cœur...

Le Monde, 5-6 avril 2015, Fabienne Darge.

[2] Programme du Théâtre de la Colline.

Ce que j'imagine, c'est un théâtre qui redonne joie aux hommes, qui les sorte de la grisaille et les conduise au-delà d'eux-mêmes.

Max Reinhardt, p. 33.

Tandis que les années s'écoulent derrière les barreaux, plusieurs pièces de Toller dont *L'Homme et la masse* et *Hinkemann* attirent un nombreux public sur les scènes d'Allemagne.

Ses réflexions lui inspirent de nombreux textes, drames et recueils de poèmes : *Jours du prolétariat ; Requiem pour les Frères assassinés ; Poèmes des prisonniers ; La Vengeance de l'amant raillé.* Cette pièce est créée au théâtre à Iéna en 1923, tandis que parait une comédie *Le Wotan déchainé*[1], suivie de plusieurs recueils de poèmes dont *Avant l'aube.*

Dans sa pièce, *Asile de nuit*[2], l'auteur fait revivre les prolétaires du XIXe siècle, décrit leur souffrance, leur misère, leur exploitation par un travail excessif pour un salaire dérisoire.

---

1 Le Wotan: dieu de tous les dieux – la pièce est créée à Prague en 1925.

2 *Pièces écrites au pénitencier,* p. 181.

Par une filière bien mise au point, il fait sortir clandestinement ses manuscrits de la prison. Son éditeur les publie aussitôt.

Ainsi paraissent *Les Démolisseurs de machines* pièce dans laquelle se présentent les prolétaires porteurs d'idées nouvelles ; *Eteignez les chaudières* pièce historique sur la révolte des marins allemands à Skagerrak[3].

Mais quand il en vient à pouvoir compter les jours qui le séparent de sa libération, une crainte du retour à la vie s'installe en lui, son énergie s'amenuise. Il ressent, avec appréhension les combats qui l'attendent. Il doute de pouvoir les surmonter.

Des cinq années de détention, arrive enfin l'avant-dernier jour, avant la libération tant attendue. Le 16 juillet 1924 Toller est appelé chez le directeur de la prison, qui lui fait savoir que les autorités ont constaté que ses opinions *n'ont en rien changé depuis le premier jour de son emprisonnement*.

En conséquence, et pour des raisons de sécurité, deux fonctionnaires de la police vont le conduire jusqu'à la frontière de la Bavière. L'expulsion prend effet immédiatement – le temps de prendre quelques affaires – et de se rendre à la gare, afin d'éviter les

---

3 Skagerrak: nom allemand pour la presqu'île de Jutland.
La révolte des marins a lieu le 31 mai et le 1er juin 1916.
Pièces écrites au pénitencier, p. 186.

manifestations qui pourraient avoir lieu le lendemain, jour légal de sa libération.

La décision de justice, applicable sur le champ, Toller est conduit dans le train flanqué de ses deux gardes.

Arrivés à la frontière de la Bavière, les deux fonctionnaires s'en retournent, le train repart à vive allure. Toller est seul dans son compartiment. Il est libre.

Debout devant la fenêtre du wagon, tandis que le train file, il fixe la nuit :

Je ne suis pas seul
La lune et les étoiles sont aussi mes compagnes…

écrit-il.

Il a 30 ans.
Les cheveux deviennent gris.

… Je ne suis pas fatigué[4].

Se convainc-t-il.

---

[4] *Une jeunesse en Allemagne*, p. 225.

La pièce de Toller, Hop là, nous vivons ! *vaut décidément pour les années 60, comme elle valait pour les années 20.*

Erwin Piscator, *Le Théâtre politique,* août 1961, p. 265.

Lorsqu'il sort de prison en 1924, Toller est un auteur réputé. Ses pièces sont jouées en Europe où il est désormais célèbre, jouées en Argentine, au Japon, en URSS, pays où personne ne le connait : *seule la pièce compte comme œuvre d'art,* dit-il. Elles sont traduites en 27 langues, ses droits d'auteur lui assurent une vie aisée. Il voyage en Angleterre et en URSS.

Au cours de l'été 1926, il prend quelques semaines de détente, part à Bandol retrouver ses amis Piscator et Erich Engel. Après quelques baignades et promenades, ces passionnés de théâtre qui s'entendent sur le fond rêvent de projets, chacun d'eux politiquement engagé à des degrés divers.

Piscator, le plus à gauche, entend bien imposer ses vues à Toller resté lyrique et humaniste. Il souhaite créer une mise en scène de la dernière pièce de celui-ci : *Quartier des granges.*

Le projet reste en suspens…

Erich Engels est l'assistant metteur en scène de Max Reinhardt et de Brecht. Il a déjà réalisé *Dans la jungle des villes* au Deutsches Theater[1] et prépare avec Brecht la mise en scène de *Homme pour homme* programmée prochainement dans ce théâtre.

Mais, en cet été 1926, où donc est-il, Bertold Brecht, élément incontournable de ce quatuor ?

Brecht n'est nullement disposé à la détente, concentré sur ses œuvres. Il suffit de se reporter à la chronologie de ses titres pour constater, qu'au cours des 38 ans de sa vie d'écrivain, il a produit 39 pièces.

En 1926, il achève la mise en scène d'une nouvelle version de *Baal,* il prépare pour le mois de septembre celle de *Homme pour homme* programmée à Darmstadt, celle de *La Noce* programmée à Francfort en décembre.

Dans ses nouvelles pièces, Brecht prend position pour un théâtre épique. A la recherche de l'humain, du naturel, prôné par Max Reinhardt qui, dans ses cours, insuffle aux acteurs le feu sacré, Brecht y ajoute la distanciation, estimant que l'acteur doit raconter plus qu'il n'interprète, amenant le spectateur à la réflexion, à la critique[2].

---

1 *Dans la jungle des villes,* jouée à Munich, vaut à Bertold Brecht de figurer sur la liste dressée par les Nazis des personnes indésirables à arrêter dès qu'ils auront pris le pouvoir.
Ils s'en souviendront en février 1933.
Dans la jungle des villes est jouée simultanément à Berlin.

2 Roland Barthes est l'un des premiers à reconnaitre en France, avec Bernard Dort, en 1954, la révolution brechtienne.

Ainsi, avec leurs nouveaux apports au monde théâtral, Toller et Brecht sont tous deux complémentaires, en relation étroite et amicale avec les grands metteurs en scène de Berlin, curieusement, sans trace aucune de cette proximité évidente.

Quelques mois plus tard, Piscator et Toller se retrouvent à Berlin afin de donner une infrastructure au synopsis de *Hop là, nous vivons !* que l'auteur vient de lui adresser.

L'on sait que les deux fortes têtes n'ont rien cédé quant aux projets précédents, dont, jusqu'ici, aucun n'a pu aboutir et que de l'intension de monter *Quartier des granges,* il n'est plus question.

Les discussions sur la mise au point de *Hop là, nous vivons!* sont âpres, houleuses, brûlantes. Les mises en scène de Piscator, radicales prennent l'allure de provocation par leurs critiques sociales.

Le metteur en scène et l'auteur, arriveront-ils à s'entendre cette fois ? Convaincus que, de leur joute, pourrait sortir un chef-d'œuvre, ils souhaitent que la pièce inaugure la Piscator-Bühne, dans le nouvel édifice qui se construit à Berlin.

Mais le temps presse.

Nous sommes en juin 1927. La première est programmée pour le 3 septembre prochain, dans le tout nouveau théâtre en voie d'achèvement.

Haut-parleur : allo ! allo ! A toutes les stations du monde entier ! Ecoutez le clou de la saison : Hop là, nous vivons ! (on entend la musique de jazz).
– A cette minute même… allo ! allo ! Ici New-York : rupture de digue, 8000 victimes… révolte en Chine… révolte en Inde… révolte en Afrique… famine en Roumanie…

E. Toller, *Hop là, nous vivons !*, p. 90

Le metteur en scène Max Reinhardt écrit sans rire que Molière et Shakespeare n'avaient nul besoin de metteur en scène, tout en montant leurs pièces les unes après les autres tout au long de sa carrière[1]. Sans doute, son extrême modestie vis-à-vis des deux maîtres lui dicte cette semi-vérité, puisque, au théâtre, la vision de l'auteur passe nécessairement par celle du metteur en scène et de son équipe, avant d'être perçue par le spectateur.

Si les pièces de Tchekhov se lisent aisément dans un fauteuil – l'auteur transmet sa pensée directement au lecteur – lorsqu'elles sont représentées par un Sacha Pitoëff – *Oncle Vania, 1964 -* ; Roger Planchon – *Le Génie des forêts, 2005 -* ; ou Luc Bondy – *Ivanov, 2014 -* ; des subtilités se révèlent au spectateur qui avaient

---

[1] Près de 30 créations ou reprises de pièces de Shakespeare ont été mises en scène par Max Reinhardt.

échappées au lecteur. Et bien souvent, intervient la personnalité de l'acteur dont l'interprétation doit exprimer la pensée de l'auteur même lorsqu'elle n'est pas formulée dans les mots.

L'Avare joué par Jean Vilar, n'est pas le même personnage que celui interprété par Louis de Funès.

Ainsi en est-il de la pièce de Toller *Hop là, nous vivons !* Celui qui ne s'en tiendrait qu'à la lecture de la pièce serait frustré du sens et de l'intensité d'une représentation par une compagnie de professionnels.

Toller introduit dans cette pièce, des innovations sans précédent.

Dès que Toller lui remet l'esquisse de la pièce, Erwin Piscator considère l'importance de l'évènement. Il décide de la programmer pour l'inauguration de son nouveau théâtre, la Piscator-Bühne, place Nollendorf à Berlin, le 3 septembre 1927.

Rare concession du metteur en scène, il admet que l'émotion qui se dégage de l'œuvre, est nécessaire à la dramaturgie. Mais il intervient pour que le personnage de Thomas, héros de la pièce, ne reflète pas uniquement le moi de l'auteur : selon Piscator, le temps de l'art subjectif est révolu. Il souhaite que les personnages créés par l'auteur conservent leurs caractères propres ; tandis que Toller veut traiter du choc que peut ressentir un révolutionnaire après 8 ans de détention et qui retrouve le monde de 1927.

Il s'ensuit de longs débats, jusqu'à modifier le dénouement imaginé par l'auteur. Le metteur en scène expurge les éléments expressionnistes du texte, insiste pour que celui-ci *reste fonctionnel.*

De la confrontation des idées de ces deux personnalités, après les discordes surgira, une fois trouvée la vision commune, la création artistique :

Toller et Piscator se permettent l'audace de glisser des scènes cinématographiques ou des émissions radiophoniques entre les actes. Le théâtre et le cinéma à ses débuts, étaient considérés comme deux formes d'art opposés. Tous deux démontrent que la tension dramatique née de l'alternance du cinéma et du théâtre, devient plus intense, le cinéma apportant un regard grossissant.

Tandis que s'effectuent les mises au point, les répétitions commencent le 1er août 1927.

En introduction, le spectateur voit, projeté sur un gigantesque écran, le film déroulant en quelques minutes les huit années passées avec toutes les terreurs, qui viennent s'enchainer dans la cellule reconstituée, en union parfaite du cinéma et du théâtre.

Avec un montage minutieux, le film récapitule les dates de la politique, de la culture, de l'économie, de la mode… trois mille mètres de pellicule tournés pour une infime partie du film utilisée, à laquelle sont ajoutées quelques séquences d'archives authentiques.

Le cinéma, encore muet en 1927, une synchronisation a lieu par haut-parleur avec les comédiens.

Piscator et Toller s'entendent également sur le fond : la mission d'un théâtre révolutionnaire. Ils considèrent la pièce comme un modèle exemplaire, expliquent à chaque comédien la signification politique du texte, afin de donner une forme réelle à chacun des rôles.

Le 3 septembre 1927, le rideau se lève sur la première représentation. La composition du public, comme souvent dans les théâtres, se distingue par des gens élégants en habit, accompagnés de leurs épouses aux étoles de fourrure et colliers de perles, mêlés à des jeunes gens vêtus de coton, le col ouvert.

Lorsque la réplique tombe : *il n'y a qu'une chose à faire, se pendre ou transformer le monde,* les jeunes spectateurs entonnent spontanément l'Internationale, les acteurs se joignent à eux. A la stupéfaction du beau monde qui n'aurait pu imaginer la soirée au théâtre se terminant par une manifestation politique, ou une bataille d'Hernani de 1927.

La critique dans l'ensemble est élogieuse. Les jugements politiques et artistiques sur la vision du monde selon Toller sont encensés.

Le travail de Piscator est considéré comme un évènement théâtral. La presse bourgeoise reconnait le talent du metteur en scène tout en se hasardant à quelques tentatives pour le récupérer et l'éloigner de la politique : *Piscator serait fort capable de faire une mise en scène intéressante de n'importe quelle pièce*[2].

Mais, selon le réalisateur : *toute mise en scène est impensable sans la profession de foi du socialisme.*

Les représentations sont interrompues en plein succès le 7 novembre 1927, pour céder la place à la programmation suivante, annoncée depuis longtemps.

Plutôt que de s'en réjouir, *les succès ne m'ont guère été utiles,* dit Toller. *A chaque œuvre, j'avais l'impression de repartir à zéro*[3].

Plus tard, Toller dira regretter d'avoir cédé aux exigences du metteur en scène et sous son influence, modifié la conception de l'œuvre originale pour lui complaire. Il soutient que la forme vers laquelle elle tendait à l'origine était plus forte que celle montée... *d'ailleurs, Piscator n'a vraiment aucune raison de se plaindre de moi et de mon style, comme il le fait dans Le Théâtre politique*[4].

En France, en 1966, la pièce est créée le 26 avril au Théâtre Gérard Philipe à Saint-Denis, avec une mise en scène de José Valverde : *Le dépassement dans l'action, c'est cette voie qui a été choisie par les hommes qui luttent pied à*

---

2 *Le Théâtre politique,* p. 155.

3 *Pièces écrites au pénitencier,* p. 188.

4 *Pièces écrites au pénitencier,* p. 186.

pied pour un moment meilleur. C'est dans cette voie qu'est la plus grande dignité de l'homme – écrit-il.

A Paris, en 2008, nous sommes quelques privilégiés à avoir assisté à une représentation de cette pièce, rarement jouée. Montée par la Comédie de Valence, mise en scène par Christophe Perton, la troupe est invitée par Emmanuel Demarcy-Mota, directeur du Théâtre de la Ville, à donner des représentations au Théâtre des Abbesses du 6 au 23 février.

Dans la lignée de Max Reinhardt, de Jean Vilar, qui considéraient chaque soirée théâtrale comme une joie, la Comédie de Valence, une troupe dynamique en parfaite harmonie, a mis en fête quelques centaines de spectateurs.

Ces soirées inoubliables, données à guichets fermés, sont la preuve, s'il en était besoin, que Toller de nos jours, intéresse un public.

Christophe Perton et son équipe ont su créer un climat particulier où l'onirisme et le réalisme, l'humour et le tragique, s'entremêlent… on est… portés par l'énergie d'une troupe d'acteurs qui nous font partager les dilemmes et le désenchantement d'une génération confrontée à l'histoire.
Chantal Boiron. Rédactrice en chef UDU. Scènes d'Europe.

Le théâtre, cet art de tisser le présent avec le passé, offre parfois de bouleversantes redécouvertes. C'est le cas de ce Hop là, nous vivons ! (quel titre !) qui ramène fort opportunément sur le devant de la scène un auteur de première importance, pourtant peu joué en France : Ernst Toller.

Ses drames – dont quatre chefs-d'œuvre - … questionnent les idéaux et les erreurs révolutionnaires, l'utopie et le réalisme en politique.

Toller…fait s'incarner les idées à travers des personnages incroyablement vivants… et c'est là… que la pièce est si intéressante, si parfaite aujourd'hui.

Fabienne Darge
Le Monde, 18 février 2008

Erwin Piscator en 1927, porte le théâtre de Toller au sommet.

80 ans plus tard, en 2008, Christophe Perton offre une mise en scène que l'auteur, sans aucun doute, aurait bien appréciée et que le public passionné de théâtre, en France, découvre ou redécouvre.

- Le requin lui, il a des dents
Mais Mackie a un couteau
Le requin montre ses dents
Mackie cache son couteau.

B. Brecht, *L'Opéra de quat'sous.*
« Complainte de Mackie le Surineur »

Tandis que les images de *Hop là, nous vivons !* demeurent dans les mémoires des spectateurs, la radio de Berlin diffuse la complainte de Mackie, sur une musique de Kurt Weill.

Les dents du requin, avant l'avènement du nazisme sont souvent prises au premier degré par la plupart de ceux qui en fredonnent l'air.

Reprise par les radios de Londres, Paris, New-York, la voix d'Al Johnson qui chante les couplets de Brecht, contribue d'assurer à l'auteur une notoriété considérable.

Avec le cabaret d'Erika et Klaus Mann, les airs de *L'Opéra de quat'sous* marqueront comme un symbole, l'Allemagne sous la République de Weimar.

Cependant que Brecht est invité par Piscator à la Volksbühne à donner des représentations de *Homme pour homme,* l'*Opéra de quat'sous* est joué au Schiffbauerdammtheater à Berlin.

Située dans l'Angleterre contemporaine, la société décrite par Brecht dans cette pièce pouvait bien être d'actualité : celui qui crée les banques n'est-il pas aussi nuisible que celui qui les braque ?

Les couplets de Kurt Weill chantés par des acteurs mendiants, putains, gendarmes, voleurs qui évoluent dans des décors impressionnants et une succession trépidante de rebondissements, assurent à Brecht une immense popularité.

Ainsi les feux de la rampe de *l'Opéra de quat'sous,* ont-ils pu recouvrir d'une ombre le succès de *Hop là, nous vivons !* faisant de Brecht une amorce involontaire de l'ostracisme qui frappera Toller.

La notoriété de Brecht se poursuit au cours des années suivantes avec ses nouvelles pièces : *Celui qui dit oui ; Celui qui dit non ; L'Exception et la règle ; Sainte Jeanne des abattoirs,* toutes représentées et jouées en permanence dans les grandes villes du pays…

… jusqu'en janvier 1933, où tout le théâtre de Brecht est interdit par les nazis au pouvoir, ce qui le contraint à l'exil le 28 février 1933.

Amputé de sa troupe de comédiens, privé de lieu où représenter ses mises en scène, il parcourt les pays d'Europe et l'URSS jusqu'à Vladivostok où il embarque pour les Etats-Unis. Sans se laisser abattre, sans cesser l'écriture de ses œuvres.

En 1978, il est au 3ème rang des auteurs dramatiques du secteur public, juste après Molière et Shakespeare[5].

A partir des pièces de Brecht, quelques films ont été réalisés. Mais, les metteurs en scène posent la question : pourquoi filmer une représentation théâtrale tel soir plutôt que tel autre ?

De l'avis des professionnels, chaque représentation dégage, selon la diversité du public dans la salle, une émotion non comparable à celle de la veille. Les acteurs transmettent le texte, le font percevoir selon leurs sentiments ; la musique ou le silence, les éclairages ou le rideau noir, les éléments du décor peuvent devenir magiques, contribuer à offrir aux spectateurs une illusion éphémère, une grâce de l'instant.

Ce qui n'est pas forcément perceptible lors de la représentation du lendemain.

Ainsi, certains réalisateurs s'interdisent, ou interdisent, de laisser filmer leurs meilleures créations[6].

Après un temps écoulé, les générations suivantes peuvent voir, l'auteur ayant donné son accord, *L'Opéra de quat'sous* tourné par Pabst avec Carola Neher dans le rôle de Polly et Rudolph Forster dans le rôle de

---

5 Bernard Dort, Jean-François Peyret, *Cahiers de l'Herne,* 1979, p. 7.

6 Brecht a autorisé ou réalisé lui-même quelques films à partir de ses pièces : *L'Opéra de quat'sous, Galiléo Galilei, Baal,* entre autres.

Mackie[7]. Mais nul ne pourra plus voir Germaine Montero dans *Mère Courage,* Jean Vilar en *Arturo Ui* avec sa voix au timbre si singulier ; ni la réalisation superbe de *Sainte Jeanne des abattoirs* par Guy Rétoré, le metteur en scène s'étant opposé à fixer l'instant magique. Des représentations des pièces de Toller, nous n'avons aucun film.

---

7 Pabst a tourné simultanément deux versions: une version allemande et une version française avec Albert Préjean et Florelle, visibles dans les cinémathèques.

- Réfléchissez : une seule lutte sanglante
Puis la paix pour toujours…
…on voit poindre lumineuse, la liberté de tous les peuples.

E. Toller, *L'Homme et la masse,* p.43

Si, de leur table de travail, Toller et Brecht n'ont pu influencer la politique de leur époque comme ils le souhaitaient, ils ont participé aux luttes sans crainte parce que leurs œuvres, à la différence des discours politiques, ont des élans d'humanisme. Elles atteignent à l'émotion, aspirent à la *liberté de tous les peuples.*

Jusqu'en 1932, les deux auteurs voient leurs pièces appréciées dans tout le pays. Toller voyage en Italie et en Afrique du Nord. Il fait la connaissance de Kesten et de Hasenclever avec lesquels il noue une amitié. Les trois ensemble écrivent une pièce *Bourgeois reste bourgeois,* créée en 1929 à Berlin.

En 1932 Toller est représenté à Berlin avec *Eteignez les chaudières*. L'année suivante, il écrit une pièce avec Kesten *Miracle en Amérique,* représentée à Mannheim. Enfin en 1932, avant l'exil forcé, sera jouée à Vienne, *La Déesse aveugle,* création de Toller, seul.

- La Société des Nations a introduit une nouvelle journée au calendrier.
- En l'honneur de quel saint ?
- En l'honneur de la paix. Elle s'appelle journée de la paix.

E. Toller, *Plus jamais la paix,* p. 13

Toller met aussitôt en garde : il dénonce les dangers des pactes de paix, des accords et des traités internationaux, qui ne sont que des manœuvres avec un seul but : camoufler les préparatifs d'une nouvelle guerre[1].

Dans sa pièce *Plus jamais la paix,* Toller imagine un traité international de renonciation à la guerre. Il décrit la haine des étrangers portée à son comble : un dictateur met la patrie à feu, sous prétexte de défendre le pays. Mais tout finira par s'arranger. La pièce se termine par un hymne à la Paix…

… qui nous fait apparaitre l'auteur porteur de son ultime étincelle d'optimisme.

---

1 *Plus jamais la paix,* p. 14.
La pièce sera jouée le 11 juin 1936 à Londres puis à New-York, sans succès.

Le 27 février 1933, les deux dramaturges et les deux metteurs en scène, échappent à la rafle au cours de laquelle les nazis arrêtent la plupart des dirigeants politiques opposés à leur régime et les intellectuels de renom Juifs ou communistes.

A cette date, Toller voyage en Suisse ; Brecht sait figurer sur une liste d'indésirables ; et sont sur leurs gardes Piscator, membre du Parti communiste et Max Reinhardt[2] en tant que Juif.

Le régime nazi soumet tous les intellectuels juifs et communistes à rude épreuve : suppression de leur libre expression, interdiction de leurs activités artistiques et éditoriales, confiscation de leurs théâtres[3], ce qui les contraint à l'exil.

Devenus les cibles de la Gestapo qui les traque, insultés et traités de dégénérés[4], les habitants de leur

---

[2] *A Max Reinhardt, Goebbels propose le titre d'Aryen d'Honneur afin d'éviter son départ du pays et l'autoriser à poursuivre son travail. Le refus du metteur en scène entraine la confiscation de ses théâtres et de ses biens.*
La même proposition est faite à Fritz Lang qui refuse
Richard Strauss, directeur de la Musique, et Furtwängler, chef d'orchestre, proposent à Stephan Zweig de poursuivre l'écriture des livrets d'Opéra. La proposition attise la rivalité entre Goebbels qui donne son accord et Rosenberg qui l'interdit. Stephan Zweig refuse la proposition. Bruno Walter et Klemperer refusent la même proposition. Kurt Weill dont la musique est jugée juive et négroïde, se réfugie aux Etats-Unis.

Jean-Louis Besson, *Max Reinhardt*, p. 26.

[3] La Volksbühne de Piscator est transformée par les Nazis en Théâtre populaire National-Socialiste et ne tarde pas à sombrer dans la médiocrité.

[4] Les Nazis organisent en 1937, l'exposition *Entartete Kunst* – Art dégénéré – où sont représentées les oeuvres d'artistes – peintres et écrivains, qu'ils considèrent comme tels.

quartier les persécutent, les oppressent, les harcellent au quotidien sans les laisser vivre en paix.

Plus jamais la paix, aux dramaturges et réalisateurs qui, à une population qui déverse sur eux la haine, ont offert un art accessible à tous.

Plus jamais la paix, aux écrivains et artistes qui, dans ce pays qui les chasse, ont porté l'art théâtral au plus haut niveau.

Toute lueur d'espoir abolie, ils verront dans quelques jours leurs écrits et leurs œuvres périr dans les flammes.

Le 10 mai 1933, des assemblées comprenant des étudiants et des professeurs, sous la présidence effective de Goebbels, attirent de nombreux spectateurs devant les universités. Les livres sont apportés dans des chariots tirés par des bœufs ou des voitures à bras, précédés de fanfares nazies. Les recteurs d'université, des membres du parti, quelques éditeurs prennent la parole. Les livres sont jetés dans les flammes accompagnés d'imprécations rituelles : *pour la communauté raciale et populaire ; contre la décadence et la pourriture morale ; contre la falsification de notre histoire ; pour l'esprit de vérité*[5] .

---

[5] *Weimar en exil,* p. 71.

Tandis qu'il séjourne en Suisse, Toller apprécie sa liberté, mais il éprouve un sentiment de responsabilité : *je sais qu'il est des situations décisives où l'engagement personnel est plus important que l'art. Cela m'engage envers mes camarades emprisonnés en Allemagne. Je n'ai pas le droit de rester muet*[6] .

A cet effet, il parcourt les villes européennes, lance des appels, donne des conférences. Par des discours, des articles dans les journaux et les revues de langue allemande, reconstitués en exil, il informe l'Europe de ce qui se passe en Allemagne. Il décrit l'asservissement de la liberté intellectuelle, la destruction de toute création authentique.

La tournée commence par le Sud de l'Europe – Raguse en Italie fasciste - Mussolini ne soutient pas encore Hitler en 1933 – et se poursuit jusqu'à Edimbourg.

Il fait connaitre les noms de tous les auteurs dont les livres ont brûlé à Berlin, dresse la liste de tous les écrivains incarcérés pour avoir, autrefois, publié des œuvres dont les idées sont contraires à celles des hommes qui détiennent le pouvoir. Il révèle les noms des pacifistes assassinés dans les camps nazis[7] .

---

6 *Pièces écrites au pénitencier,* p. 188.

7 *Discours à Raguse au Congrès du Pen-Club le 28 mai 1933. Les propos de Toller provoquent le départ des délégations allemande et autrichienne, tandis que la délégation de l'Italie fasciste reste en place. Toller écrit une lettre à Goebbels l'accusant d'assassiner les écrivains.*

Weimar en exil, p. 54.

Depuis 1933, les pièces de Toller interdites sur les scènes allemandes, ne paraissent plus en librairie. *Plus jamais la paix* est édité en exil, en langue anglaise. La pièce est créée en 1936 New-Gate Theater.

Le 17 avril 1936, il participe au meeting à Paris pour la *Défense de la culture,* qui se tient à la Mutualité et réunit André Gide, André Malraux, Paul Eluard.

Avec Christiane, épousée l'année précédente, il voyage six semaines en Espagne, juste au début de la guerre civile (juillet 1936).

De même qu'avec ses amis exilés, il est affecté par le traumatisme de la langue maternelle. Pour les 50 ans d'un ami qui le ressent et a l'impression d'être abandonné, il organise une fête à Paris.

De passage à Londres, lui parviennent par les journaux, les récits des atrocités pratiquées par les nazis en Allemagne, violences, tortures, oppressions.

Les dizaines de milliers d'émigrants sans espoir et sans droit, le peu de gens qui pensent au destin des intellectuels emprisonnés pour leurs opinions, donnent à Toller le sujet de sa dernière œuvre : *Pasteur Hall*[8] .

---

[8] *Pièces écrites en exil,* p. 201. Postface de H. et R. Radrizzani.

Pasteur Hall
Dédié au jour où cette pièce pourra être jouée en Allemagne.

E. Toller, page-titre de sa dernière œuvre (1937)[9]

Friedrich Hall est un pasteur. Il prononce à l'église des paroles courageuses qui lui valent quelques lettres de sympathie. Ces paroles sont imprudentes sous une dictature. Il échappe à l'arrestation grâce à l'intervention de son épouse qui convainc le SS amoureux éconduit de leur fille Christine.

Lorsque celle-ci épouse un savant et part vivre aux Etats-Unis, les Waffen SS viennent arrêter le pasteur, l'internent dans un camp de concentration. Le pasteur se trouve ainsi mêlé aux criminels, aux mouchards, aux traitres, comme aux Juifs et aux communistes. Toller inclut dans sa pièce le personnage de Erich Mühsam, poète anarchiste qu'il a connu en prison. Il évoque l'ami assassiné.

Pasteur Hall constitue un saisissant tableau de la situation en Allemagne avant la Seconde Guerre

[9] *Pasteur Hall* ne sera publié qu'en 1939, à Londres, attendra 1947 pour être représenté sur une scène allemande et 1978 pour être imprimé en allemand.

Mondiale. Cette pièce est considérée comme le testament littéraire de l'auteur[10] .

Puis, il revient sur sa jeunesse, les années de la révolution à Munich qui s'imposent à lui avec insistance, son amitié avec Kurt Eisner assassiné. Il entreprend d'écrire un livre sur cette période qui restera son unique témoignage : *Une jeunesse en Allemagne.*

Au cours de ses voyages à travers l'Europe, il a pu nouer des amitiés avec Münzenberg, Romain Rolland, Nehru. Ces relations lui permettent de recueillir des fonds pour soutenir la République espagnole.

A Sanary, point de chute des émigrés allemands, la petite colonie organise des soirées où se rencontrent dans les cafés du port, Toller, Arthur Koestler, Piscator, sans doute Brecht quelquefois.

Dès le jour où il obtient un visa pour les Etats-Unis (1937) Toller part pour la Californie[11].

---

[10] *Pièces écrites en exil.* Postface p. 204.
Un film tiré de Pasteur Hall *aux Etats-Unis, en 1940, déclenche de violentes manifestations provoquées par des Américains pro-nazis. Le film montrant des scènes dans les camps de concentration en Allemagne. Weimar en exil,* p. 680.

[11] *Aidé par la journaliste américaine Dorothy Thomson, qui signe de nombreux affidavits (déclaration sous serment certifiant que l'émigré aura les moyens de subvenir à ses besoins aux Etats-Unis).*
La journaliste fait de sa maison un lieu de rencontres d'exilés au grand désespoir de son mari. Weimar en exil, p. 693.

Lorsqu'à son arrivée sur le sol américain, on demande à l'écrivain connu comme dramaturge partout en Europe quelle est sa profession, les larmes lui montent aux yeux.

Mais il retrouve avec joie Erika et Klaus Mann et quelques amis avec lesquels il ne cessera d'informer, de dénoncer, de lutter contre les crimes nazis, contre Franco.

De New-York à San Francisco et du Canada au Mexique, ses discours, ses conférences seront soutenus par Hemingway, Kantorowicz, Gustav Regler, Sinclair Lewis qui considèrent l'exil comme un combat, la littérature comme une arme.

Au Mexique, il crée *la Ligue pro-culturelle allemande,* première organisation anti-nazie dans ce pays.

Matériellement, il est aidé par une association culturelle des intellectuels allemands en exil, ce qui lui évite de vivre dans la misère. Il écrit quelques scénarios qui ne sont pas acceptés par les studios de cinéma. S'il arrive, rarement, qu'une de ses pièces soit montée dans un théâtre, l'extrême-droite américaine mobilisée contre les émigrés organise des manifestations qui suscitent la crainte chez les directeurs de salles. Brecht subit les mêmes pressions.

Toller s'emploie inlassablement à récolter des fonds pour soulager les victimes de la guerre d'Espagne. Il parvient à être entendu par le Président Roosevelt pour fonder une action internationale d'aide à la République espagnole.

Toujours inquiet, il craint que l'aide arrive trop tard aux exilés, juge ses possibilités infimes par rapport aux exigences qui s'imposent. Solitaire, il reste profondément affecté par les évènements.

Ses amis vivent dans la même solitude. Max Reinhardt, Kurt Weill, Heinrich Mann, Franz Werfel, resteront aux Etats-Unis, terre d'accueil et terre de leur ultime demeure, depuis Weimar jusqu'à leur tombe[12].

Quitte ton pays, quitte ton influence,
Et tu n'es plus rien.

Alfred Döblin. 27 septembre 1935

12 *Weimar en exil,* p. 672.

- J'ai traversé les rues, je n'ai pas vu d'êtres humains...
des masques, rien que des masques grimaçants.
Je suis rentré chez moi et j'ai vu des masques... et une misère infinie, absurde, de créatures aveugles.

E. Toller, *Hinkemann,* p. 164

Les perspectives qui s'offrent à Toller en 1939 ne sont pas encourageantes : les dictatures sévissent en Italie depuis 1922, en URSS depuis 1917, en Allemagne depuis 1933, et désormais en Espagne avec la victoire de Franco.

La montée en puissance de l'Allemagne est alarmante après l'annexion de l'Autriche, des Sudètes et de la Tchécoslovaquie. La propagande de Goebbels sème la panique à travers l'Europe par la diffusion d'actualités cinématographiques montrant des défilés de leur armée équipée pour la guerre, prête au combat, de l'aviation de chasse performante, des chars d'assaut monstrueux qui passent à travers les maisons, laissant des ruines derrière eux, franchissent les ravins, les tranchées et les frontières de barbelés.

Toller est accablé par les informations quotidiennes, de la détresse, de l'oppression exercée sur des millions d'hommes, du peuple allemand qui dit oui à ses plus bas instincts, à son *goût guerrier pour la violence*[1].

Terrassé par l'horreur des évènements, Toller envisage une voie de sortie de ce monde gouverné par la barbarie. Lui, ainsi que ses amis, disséminés dans des pays d'exil, gardent les stigmates des griffes nazies, des haines subies, ineffaçables. En quelques années ils formeront le cortège des écrivains juifs suicidés :

Déjà Tucholsky en 1935 à Göteborg en Suède, puis Toller à New-York en 1939, seront suivis en 1940 par Walter Benjamin à Port-Bou, Walter Hasenclever au Camp des Milles, Carl Epstein à Pau, Ernst Weiss à Paris. Et en 1942, par Stephan Zweig à Rio de Janeiro, Klaus Mann à Cannes en 1949, Paul Celan à Paris en 1970, Jean Amery à Salzburg en 1978, Arthur Koestler à Londres en 1987[2].

Pour l'heure, tout est sombre. La République espagnole s'est effondrée. Toller est délaissé par sa femme. Dans une extrême solitude, il a fait entendre sa voix par les appels et les cris de ses personnages fictifs :

- Où êtes-vous mes camarades ?

Une jeunesse en Allemagne, p. 13

---

1 *Une jeunesse en Allemagne*, p. 11.

2 Seuls sont cités les écrivains originaires d'Europe centrale. Liste non exhaustive.

- Ne pas plier. Croire à un monde de liberté, de justice, d'humanité, cela n'est plus possible…
… comment aurais-je pu continuer à supporter ce monde ?

Hop là, nous vivons !, p. 116

- Personne n'entend, personne…
Nous parlons sans nous entendre…
Nous haïssons sans nous voir, nous aimons sans nous connaitre…
Nous tuons sans nous toucher…
Est-ce que cela doit toujours être comme ça ?

Hop là, nous vivons !, p. 122

- Je n'ai plus la force de lutter, plus la force de rêver.
Qui n'a pas la force de rêver n'a pas la force de vivre…
Tout ce que je sais devient souffrance…
Je ne veux plus…

Hinkemann, p. 164

- Je n'y tiens plus ! je prends une corde…
Je n'en peux plus…

Hinkemann, p. 96

- Alors continuez… bien du plaisir !
Moi, je saute…

Hop là, nous vivons !, p. 122

Au dernier acte de sa pièce, en maître d'œuvre, Toller conduit le héros résigné au suicide par pendaison.

Le 22 mai 1939 à New-York, Toller est retrouvé pendu dans une chambre de l'hôtel Mayflower.

En une ultime mise en scène, il a pris soin de disposer sur la table, des photos d'enfants espagnols victimes des bombardements franquistes.

Klaus Mann l'accompagne jusqu'à la tombe, avec quelques paroles.

L'un des écrivains les plus lucides et importants, écrit Jean-Michel Palmier[3].

Un socialiste tel que Toller, un des grands défunts de la gauche depuis 1900[4], dit l'un de ses amis Kurt Hiller.

---

3 *Weimar en exil,* p. 233.

4 Kurt Hiller écrivain pacifiste.

Hop là, on est mort.

La presse de Berlin,
informée par une dépêche américaine, 22 mai 1939

Assurément, l'un des grands défunts de la gauche, intolérable aux dirigeants nazis qui ne dissimulent pas leur joie d'annoncer *l'auto liquidation de l'émigrant juif communiste*[1], alors que Toller n'a cessé de soutenir, face aux nombreux intellectuels progressistes allemands tentés par le bolchevisme, que la voie pour parvenir à une *société parfaite* ne passait pas par le communisme.

Homme de combat, désarmé invaincu, emprisonné insoumis, et homme de plume comblé par le succès – éphémère – de ses pièces ; humaniste et pacifiste, resté combatif à la recherche d'un monde chimérique, n'en est pas moins vulnérable aux chicanes des metteurs en scène, marqué d'une tristesse teintée d'amertume.

Au révolutionnaire, il manquait de voir se réaliser l'impossible *société parfaite*, pour qu'il trouvât la paix.

---

1 *Weimar en exil,* p. 383.

Du dramaturge livré à ses tourments, nous entendrons la même litanie, qu'en ce monde insupportable, il ne connaitrait *plus jamais la paix.*

Mais sur les scènes théâtrales, hop là, il vivra !

ERNST TOLLER (Samotschin 1893 – 1939 New-York)

Œuvres écrites en prison – 1920 – 1924 :

Le livre des hirondelles
Recueil de poèmes
Jours du prolétariat
Requiem pour les frères
Poèmes des prisonniers
Avant l'aube
L'Homme et la masse
Hinkemann

Œuvres traduites en français :

Une jeunesse en Allemagne – 1936 – 1937
Ed. L'Age d'Homme (1974)
Traduit par Pierre Gallissaire

Pièces écrites au pénitencier :
L'Homme et la masse
Hinkemann
Ed. Comp' Act (2002)
Texte français Huguette et René Radrizzani

Pièces écrites en exil :
Plus jamais la paix (1935-1936)
Pasteur Hall (1937)
Ed. Comp'Act (2003)
Texte français Huguette et René Radrizzani

Hop là, nous vivons !
Ed. EFR (1966)
Adaptation française de César et Béatrice Perregaux.

Œuvres non traduites :

Die Wandlung – La Conversion, 1917.
Vengeance de l'amant raillé, 1923.
Le Wotan déchainé
Les démolisseurs de machines
Eteignez les chaudières
Quartier des granges
La Déesse aveugle
Bourgeois reste bourgeois
Avec Walter Hasenclever et Hermann Kesten (1929)
Miracle en Amérique.
Avec Hermann Kesten (1931)

INDEX DES NOMS CITÉS

Bavière

- depuis 1214 jusqu'au 7 novembre 1918 :
Royaume de Bavière gouverné par la dynastie des Wittelsbach.
- 7 novembre 1918 jusqu'au 21 février 1919 :
République de Bavière – Etat Libre.
- mars 1919 jusqu'à fin avril 1919 :
République des conseils d'ouvriers dirigée par les communistes.
- mai 1919 jusqu'au 9 mars 1933 :
L'un des 17 länder de la République de Weimar.
- 9 mars1933 jusqu'au 8 mai 1945 :
Le Land perd ses droits au profit du IIIe Reich.
- 8 mai 1945 jusqu'en novembre 1989 :
L'un des 10 länder de la RFA (République fédérale allemande).
Depuis 1989 :
L'un des 16 länder d'Allemagne.

Depuis le XIIIe, le Royaume de Bavière est gouverné par la dynastie des Wittelsbach, fidèle à l'Empire Germanique. Le Royaume s'agrandit à l'époque napoléonienne. Louis II de Bavière (1864-1884) connu pour son destin tragique, est immortalisé à l'écran par Helmut Berger dans le film éponyme de Luchino Visconti.

Sous l'Empire germanique de Guillaume II (1888-1918) gouverné par Bismarck, l'Etat de Bavière est inféodé à la Prusse, suite à la victoire militaire allemande sur la France en 1871. L'opinion bavaroise reste, d'une façon générale, hostile à la Prusse. Au début du XXe siècle, la ville de Munich est associée au rayonnement des arts, baroque puis d'avant-garde. Elle n'en demeure pas moins le berceau du nazisme.

Le 7 novembre 1918, le roi Louis III est chassé du trône par une révolution conduite par un socialiste de gauche Kurt Eisner, qui rassemble 200.000 personnes, ouvriers pour la plupart.

Cela détermine les communistes bavarois à proclamer unilatéralement la République des Conseils Ouvriers. Ils sont vite débordés par les Russes.

Hofmann, retranché sur la partie nord de la Bavière fait appel aux troupes prussiennes. Alliées aux troupes Wurtem bergeoises, ils procèdent à la reconquête de la province afin de la réintégrer au sein de la République de Weimar.

En 1923, Hitler saisit l'état de confusion générale qui règne en Bavière, juge le moment opportun pour tenter un putsch, les 8 et 9 novembre 1923.

Même avec l'appui du général Ludendorff, le putsch se conclut par un échec et l'arrestation d'Hitler. Condamné à 5 ans de prison, il est libéré 9 mois plus tard.

Benjamin Walter (Berlin 1892 – 1940 Port-Bou)

A partir de l'âge de 17 ans, Gershom Scholem est son ami et interlocuteur privilégié. Ils s'influencent mutuellement, lui, faisant découvrir le sionisme, approfondir la tradition juive, Walter Benjamin montrant sa sympathie pour le communisme jusqu'à ses déceptions lorsqu'il constate que, ceux qui incarnent l'avant-garde artistique – Malevitch, Kandinsky – sont menacés.

Réfugié en France en 1933, il est interné au camp de Nevers en septembre 1939 comme tous les émigrés allemands.

En juin 1940, fuyant l'avancée allemande, il est refoulé dans les Pyrénées à la frontière franco-espagnole.

Trop épuisé pour faire demi-tour, ne voulant pas être livré à la Gestapo, il met fin à ses jours à Port-Bou le 26 septembre 1940.

La serviette noire qui contenait ses écrits a été perdue dans les Pyrénées. Les textes qu'il avait confiés à Hannah Arendt avant son exil ont été publiés aux Etats-Unis avec l'aide de Brecht et d'Adorno.

Brecht Bertold (Augsburg 1898 – 1956 Berlin)

Contraint à l'exil en février 1933, il se fait connaitre dès juin 1933 à Paris au théâtre des Champs-Elysées puis à Prague, Vienne, Zurich, Copenhague.

Déchu de la nationalité allemande en 1935, il voyage à Moscou puis s'établit en Suède, jusqu'au mois d'avril 1940.

Privé de son équipe pour les mises en scène, des comédiens, des scènes où représenter ses pièces, il n'en poursuit pas moins l'écriture de son théâtre :

Grand-peur et misère du IIIe Reich, et plusieurs autres.

Par la Finlande, l'URSS jusqu'à Vladivostok, il embarque sur un cargo pour les Etats-Unis.

En Californie en 1941, il retrouve Döblin, Feuchtwanger, Fritz Lang, Eisler, Heinrich Mann, Ferdinand Brückner.

A New-York, en 1943, il retrouve Piscator, poursuit l'écriture de ses pièces : *Le Cercle de craie caucasien, La vie de Galilée.*

Il passe devant la commission des activités anti-américaines à Washington, en 1947. Il quitte les Etats-Unis, s'établit à Zurich, noue une amitié avec Max Frisch. Suite au refus des Alliés de lui accorder un visa pour la République Fédérale Allemande il se rend à Berlin-Est, où on lui propose de mettre en scène *Mère Courage,* au Deutsches Theater. Il fonde le Berliner Ensemble avec Hélène Weigel et réalise la mise en scène de Maitre Puntilla et son valet Matti.

Tandis qu'en 1950, à Paris, le TNP de Jean Vilar s'inaugure avec *Mère Courage* et Germaine Montero dans le rôle-titre.

Installé dans la République Démocratique Allemande RDA, sous régime communiste, Brecht ne se prive pas d'en critiquer la politique culturelle. Ses pièces avec ses propres mises en scène, tournent dans toutes les villes de l'Allemagne de l'Est.

Le 10 août 1956, il dirige la dernière répétition de la *Vie de Galilée*. Il meurt le 14 août à Berlin âgé de 58 ans.

Brecht est classé monument historique. Le Berliner-Ensemble a autant de vie qu'un mausolée…

Bref, d'Est en Ouest, Brecht fait l'unanimité ; ce qui est bien la pire chose qui pouvait lui arriver.

Jean-François Peyret
Cahiers de l'Herne p. 147.

Breton André (1896 – 1960)

Fondateur du Surréalisme avec Philippe Soupault. Ils écrivent ensemble le Manifeste du Surréalisme en 1924.

Avec les mêmes aspirations, Louis Aragon et Paul Eluard y ajouteront l'intention poétique.

Brückner Ferdinand (Autriche 1891 – 1958 Berlin)

Theodor Tagger, écrit sous pseudonyme, est un dramaturge très joué sur les scènes allemandes entre 1920 et 1933, date à laquelle il est contraint à l'exil. Il se réfugie aux Etats-Unis : *Maladie de la jeunesse* (1932) ; *Les Criminels* (1928) ; *Races* (1933) ; *Elisabeth d'Angleterre* (1930).

Aux Etats-Unis, il écrit de nombreuses pièces historiques.

Celan Paul (Roumanie 1920 – 1970 Paris)

Paul Ancel, anagramme de son pseudonyme d'écrivain et poète roumain de langue allemande. Il passe son enfance à l'école juive, puis milite dans un groupe de Jeunesse antifasciste. Après des études de médecine faites en France en 1938, il retourne à l'Université en Roumanie, étudier la littérature de langue romane.

Ses parents meurent dans les camps nazis. Lui-même est envoyé, en 1943, par la police roumaine alliée aux nazis, dans un camp de travail forcé.

Libéré par les Russes en 1944, il quitte la Roumanie en 1947, pour Vienne, puis s'installe à Paris. Il travaille à l'Ecole normale supérieure comme traducteur d'allemand, est naturalisé Français en 1955.

Dans la nuit du 19 au 20 avril 1970, il se jette dans la Seine, probablement du Pont Mirabeau.

Il a publié plusieurs recueils et choix de poèmes, une correspondance de 700 lettres à Gisèle de Lestrange, son épouse, parues en 2001, et une correspondance importante avec Ingeborg Bachmann parue en 2008.

Cocteau Jean (Maisons-Laffitte 1889–1963 Milly la Forêt)

Poète, graphiste, dessinateur, dramaturge et cinéaste, il se revendique *poète* avant tout.

Elu à l'Académie française en 1955.

Après sa rencontre avec Diaghilev, il se rapproche de l'avant-garde cubiste et surréaliste et donne, avec celui-ci et les ballets russes, une représentation de *Noces,* à, l'Opéra de Monte Carlo.

Entre 1940 et 1944, ses préoccupations restent les mêmes qu'auparavant : écrire, monter ses pièces de théâtre, réaliser des films, peindre, rester au cœur des mondanités. Il est recherché pour son esprit dans les diners, fréquente les milieux intellectuels de résistance aussi bien que collaborationnistes.

Poète attachant, c'est un homme d'esprit non-conscient de la portée politique de ses engagements artistiques.

Auteur des *Parents terribles,* de l'*Eternel Retour,* de la *Belle et la Bête,* entre autres.

Copeau Jacques (Paris 1879–1949 Beaune)

Metteur en scène français. Il participe à la création de la NRF en 1908 avec André Gide et Jean Schlumberger. Il fonde le théâtre du Vieux-Colombier en 1913, devient célèbre par ses mises en scène d'Avant-garde dont celle de *Maison de poupée,* d'Ibsen, dès 1905.

Diaghilev Serge (Novgorod 1872 – 1929 Venise)

Issu d'une famille de petite noblesse de la Russie impériale il fonde sa propre compagnie des ballets russes. Il s'installe à Paris après 1917. Il exerce une influence sur les arts de la danse et de la scène, reconstitue sa compagnie à Paris, innove en appelant des musiciens et des peintres d'avant-garde pour les décors et les mises en scène de ses ballets.

Nijinski, Balanchine, Serge Lifar, membres de ses ballets sont devenus des références.

Dullin Charles (Savoie 1885 – 1949 Paris)

Metteur en scène et acteur français. L'un des fondateurs du Cartel des quatre avec Louis Jouvet, Gaston Baty, Georges Pitoëff. Il forme sa propre équipe en 1921 sous le nom de l'Atelier, repris pour désigner le théâtre place Dancourt à Paris. Il est nommé directeur du Théâtre de la Cité, le Théâtre Sarah Bernhardt débaptisé (sous l'Occupation).

En 1943, il y monte *Les Mouches* de Jean-Paul Sartre.

Il est réputé pour la qualité de ses cours et des mises en scène.

Eisner Kurt (Berlin 1867 – 1919 Munich)

Homme politique socialiste, il a un rôle important lors du renversement de la monarchie de Bavière en 1918.

En tant que journaliste et écrivain il publie une étude sur Nietzsche puis adopte les thèses pacifistes avec Toller. Il rejoint le parti social-démocrate et devient le président de la République.

Epstein Carl (Neuwield 1885 – 1940 Pau)

Historien d'art – écrivain allemand – militant anarchiste – sympathisant communiste – engagé avec les combattants anarchistes dans la guerre civile espagnole.

Condamné pour blasphème dans ses écrits, il quitte l'Allemagne dès 1922, menacé par les extrémistes de droite et les antisémites.

En France, il est emprisonné en septembre 1939 et se suicide à Pau le 3 juillet 1940, ne voulant pas être livré aux nazis.

Hasenclever Walter (Aix la Chapelle 1890 – 1940 Camp des Milles)

Ecrivain et dramaturge, d'origine juive, ses œuvres sont interdites dès l'arrivée des nazis. Il part s'exiler à Nice, en 1933.

Interné comme étranger au Camp des Milles, il se suicide dès l'arrivée des Allemands en juin 1940.

Hiller Kurt (Berlin 1885 – 1972 Hambourg)

Ecrivain et journaliste, d'origine juive, il défend le socialisme, la paix, les minorités sexuelles, s'attirant de puissants ennemis, pionnier de l'expressionnisme, il s'engage politiquement dans la révolution allemande 1918-1919.

Il existe un parc à sa mémoire à Berlin depuis l'année 2000.

Hauptmann Gerhart (Silésie 1862 – 1946 Silésie)

Ecrivain et auteur dramatique, Prix Nobel de Littérature en 1912.

Représentant du naturalisme, ses pièces confirment son intérêt pour les défavorisés, les milieux prolétaires et paysans. Il privilégie une collectivité plutôt qu'un seul héros, dans ses drames. Sous le nazisme, il se tient à l'écart, se retranche dans le théâtre grec, classique.

Auteur d'une trentaine d'œuvres.

Horvath Ödön von (Autriche-Hongrie-Fiume 1901 – 1938 Paris)

Célèbre dramaturge Austro-hongrois de langue allemande. Il est l'un des rares à avoir eu une altercation directe avec Hitler et l'audace de lui adresser des injures, face à face. Les nazis se souviennent de ce nom allemand à particule et brûlent ses œuvres le 10 mai 1933.

Il est tué à Paris, en 1938, sur les Champs-Elysées, par la chute d'un arbre, causée par un orage :

Meurtre dans la rue des Maures (1923) ; *Le Belvédère* (1926) ; *Le Funiculaire* (1928) ; *Cadek* (1929) ; *La nuit italienne* (1930) ; *Légendes de la forêt viennoise* (1931) ; *Casimir et Caroline* (1932) ; *Culture populaire, histoire politique de l'Allemagne.*

Ibsen Henrik (Norvège 1828 – 1906 Oslo)

Dramaturge norvégien.

Son père sombre dans l'alcoolisme, sa mère e réfugie dans le mysticisme.

Les évènements révolutionnaires de 1848 le conduisent à écrire sa première pièce *Catalina,* en 1850. Editée à compte d'auteur, elle est refusée par le Christiana Theater. La pièce ne sera jouée qu'en 1881 à Stockholm.

Ibsen s'intéresse au mouvement socialiste. Il s'installe à Bergen et se voit proposer de devenir directeur artistique du théâtre de la ville. Ses propres pièces n'y connaissent pas grand succès.

Il quitte la Norvège, voyage dans différents pays et s'installe à Rome. Il ne reviendra en Norvège que 27 ans plus tard, lorsqu'il sera auteur reconnu.

Son écriture s'oriente vers le réalisme social. Il obtient ses premiers succès avec *Maison de poupée* en 1879.
Puis il enchaine succès et pièces : *La Canard Sauvage, Les Revenants, un Ennemi du peuple, Hedda Gabler, Rosmersholm, Peer Gynt*.

Il décède en 1906 dans la capitale norvégienne.

Jouvet Louis (Crozon 1887 – 1951 Paris)

Acteur, metteur en scène, professeur au Conservatoire national supérieur d'art dramatique.

Il est engagé par Jacques Copeau au théâtre du Vieux Colombier, puis travaille avec Jacques Hébertot et Georges Pitoëff.

De juin 1941 à 1945, il choisit de partir en tournée en Amérique latine.

A son retour il prend la direction du théâtre de l'Athénée où il réalise plusieurs mises en scène restées célèbres, dont celles de la *Folle de Chaillot* et *On dine.*

Au cinéma il interprète plusieurs rôles inoubliables : *Knock, Hôtel du Nord, Quai des Orfèvres.*

Kaiser Georg (Magdebourg 1878 –1945 Ascona suisse)

Dramaturge allemand, auteur de 74 pièces parmi les plus jouées en Allemagne entre 1919 et 1933, suspect au régime nazi, ses œuvres rejetées, il est conduit à choisir l'exil.

Sa pièce célèbre, *Gaz*, est montée à Berlin par Piscator.

Koestler Arthur (Budapest 1905 – 1983 Londres)

Attiré à 17 ans par le communisme, il porte son choix sur le sionisme puis mesure sa méprise. Il devient correspondant de presse, entre au service du renseignement du Parti communiste allemand, s'affronte contre les chemises brunes S.A. des nazis.

En visitant l'URSS en 1932, il est irrité par les mensonges qu'il constate. Il réussit à s'introduire dans les milices franquistes, en 1936, afin d'informer la presse française. Il commence à écrire le livre qui le rendra célèbre en 1938, *Le Zéro et l'infini* et plusieurs ouvrages paraitront à la suite.

Après 25 ans de silence, en 1983, il se suicide à Londres avec sa femme Cynthia.

Lugné-Poe (Paris 1869 – 1940 Villeneuve les Avignon)

Metteur en scène et acteur, il se consacre au renouveau du théâtre parisien. Fondateur du Théâtre de l'Oeuvre il met en scène des pièces de Maeterlinck, Alfred Jarry, Strindberg, Ibsen, Paul Claudel, Oscar Wilde.

Maïakovski Vladimir (Baghdati 1893 – 1930 Moscou)

Dès l'âge de 15 ans, il connait la prison sous le régime des tsars pour des activités politiques et la diffusion de tracts socialistes révolutionnaires.

Il dissimule sa sensibilité, par des répliques insolentes, assassines. Par ses pertes au jeu, il a souvent le ventre creux, passe des nuits sur un banc public.

Influencé par le Manifeste Futuriste de Marinetti, il fréquente les cercles de l'avant-garde révolutionnaire, devient l'un des meneurs du mouvement.

Elsa, une jeune fille de 19 ans, l'invite pour une lecture de poèmes chez sa sœur ainée Lili Brik. Tous manifestent leur enthousiasme pour le poème surréaliste *Le Nuage en pantalon*. Ossip Brik, mari de Lili, édite le poème. Amoureux de Lili, Maïakovski, lui en dédie de nombreux autres.

Nommé représentant de l'Union des Ecrivains, après la Révolution de 1917, Maïakovski se bat pour l'indépendance des artistes. Il écrit des poèmes, des pièces de théâtre qu'il joue lui-même avec Lili.

A la mort de Lenine, il écrit un long poème épique de 3000 vers.

Affecté par le suicide du poète Essenine, Maïakovski se permet quelques critiques du pouvoir.

Conforté par les succès de ses pièces au théâtre, il écrit un réquisitoire contre les corruptions du régime. Le Comité central lance une campagne de dénigrement contre lui.

Communiste resté en dehors du Parti, il reste opposé à toute forme d'allégeance.

Adulé jadis, le poète n'intéresse plus les hommes politiques qui recherchent des carriéristes.

Le 12 avril 1930, Maïakovski se suicide avec un pistolet Mauser, qu'un « ami » de la police politique lui avait offert.

La lettre d'adieu trouvée dans le bureau du poète est publiée :

Lilia aime moi.

Camarade gouvernement, ma famille c'est Lili Brik, ma mère, mes sœurs et Veronika.

Si tu leur rends la vie possible, merci.

Maeterlinck Maurice (Gand Belgique 1862–1949 Nice)

Issu d'une famille flamande conservatrice et francophone, il devient écrivain célèbre par ses études sur la vie sociale des insectes et du monde végétal : *La Vie des abeilles* (1901) ; *La Vie des termites* (1927) ; *Pelleas et Melissande* (1892).

Il est l'auteur d'une quarantaine de pièces de théâtre.

Mann Klaus (Munich 1906 – 1949 Cannes)

Fils de Thomas Mann, proche de son oncle Heinrich Mann, politiquement pacifiste, Klaus Mann ne tarde pas à quitter l'Allemagne pour les mêmes raisons que ses parents. Il se réfugie en France, puis aux Etats-Unis.

Par des conférences, des articles de presse, il dénonce l'oppression nazie. Il lance des appels aux écrivains restés en Allemagne, leur pose la question de l'engagement politique. Il rappelle ceux qui sont prêts à verser leur sang pour leurs idées pacifistes.

En décembre 1941, il se met à la disposition des Etats-Unis en s'engageant dans l'Armée américaine. Il participe, comme correspondant de guerre, au débarquement en Afrique du Nord et en Italie. Il accompagne les troupes jusqu'à Vienne, en Autriche, en 1945, sans cesser de se préoccuper des questions artistiques :

L'art peut-il exister en dehors du contexte social et politique ?

Il ne saurait lire les écrivains qui ont adhéré au nazisme, ni assister aux concerts de ceux qui se sont compromis avec ce pouvoir :

Une culture reconstruite par ceux-là, ferait mieux de rester ensevelie sous les décombres, écrit-il.

Lors d'un voyage en France, il sombre dans le désespoir, met fin à ses jours le 21 mai 1949 à Cannes.

Auteur de : *Le Volcan* (1939) ; *Le Tournant* (1942) ; *Mephisto* (1936) ; *Contre la barbarie* (1925).

Mann Heinrich (Lübeck 1871 – 1950 Californie)

Ecrivain pacifiste, francophone, italophone. Il trouve sa patrie d'adoption en Stendhal, Balzac, Laclos, Flaubert.

Maitre à penser des intellectuels de gauche en Allemagne jusqu'en 1933, il est président de l'Académie des lettres. Il réunit contre lui tous les nationalistes et les hommes politiques de droite.

Exilé en France, il écrit dans la *Dépêche de Toulouse.* Réfugié aux Etats-Unis, il publie *Haines (écrit en 1933) ; Courage (1939) ; Lidice (1945).*

Il était l'auteur de : *Professeur Unrat (1905),* adapté pour le cinéma par Sternberg sous le titre : *l'Ange Bleu,* avec Marlène Dietrich (1930).

Marinetti Filippo Tommaso (Alexandrie 1876 – 1944 Bellagio)

Eduqué chez les jésuites, il apprend le français et garde un attachement profond pour la France.

En réaction aux passéistes académiciens, il écrit et publie le Manifeste du Futurisme en 1909. Les premiers à l'entendre sont à Moscou, Maïakovski et Malevitch.

A Zurich, Tristan Tzara, subit l'influence et proclame le dadaïsme en 1916. Un peu plus tard, André Breton, à Paris fonde le mouvement surréaliste.

Au nom de la liberté d'expression, Maïakovski et Malevitch, Tristan Tzara, André Breton et Marinetti sont déterminés à miner les valeurs artistiques, morales, philosophiques et religieuses, sur lesquelles repose la société occidentale. Ils participent à l'objectif commun de combattre la bourgeoisie et l'ordre établi par la révolution artistique.

Marinetti cherche à se convaincre d'une compatibilité entre le fascisme et l'art nouveau. Il parvient à se faire accepter par le Parti de Mussolini qui interdit les mouvements d'avant-garde, en soutenant le fascisme tout en défendant l'art dégénéré. Ne pas avoir fait le bon choix politique lui aura fait perdre la place au sommet du Parnasse qui a retenu pour la postérité Tristan Tzara et André Breton.

Meyerhold (Russie 1874 – 1939 exécuté par Staline)

Metteur en scène russe de théâtre d'avant-garde.

Lorsque Staline lui impose, en 1935, de revenir à un théâtre classique, il n'en tient pas compte et poursuit ses représentations théâtrales dans les régions ouvrières avec un immense succès populaire.

Arrêté par la police politique en 1939, il est accusé de trotskisme et d'espionnage, exécuté, réhabilité en 1955. La vérité sur son exécution n'est dévoilée qu'en 1988.

Mirbeau Octave (Calvados 1848 – 1917 Paris)

Journaliste influent, critique d'art défenseur des avant-gardes, pamphlétaire redouté, romancier et dramaturge farouchement individualiste et libertaire.

Il incarne la figure d'intellectuel critique et subversif.

Il fait ses débuts en écrivant pour un journal bonapartiste *l'Appel au peuple,* en faisant *le domestique et le trottoir,* comme il l'écrit pour lui-même et pour les journalistes en général : *vendu à celui qui le paie, nègre pour plusieurs quotidiens et hebdomadaires.*

A partir de 1884, il écrit pour son propre compte et s'engage dans ses combats politiques, artistiques et littéraires. Il s'en suit alors, une longue amitié avec Claude Monet et Auguste Rodin.

Les chroniques qu'il fait paraitre lui valent succès et scandales. Il se rallie officiellement aux anarchistes en 1890.

Auteur de plusieurs romans dont *le Journal d'une femme de chambre (1900).*

Auteur de plusieurs pièces de théâtre dont *Les Affaires sont les affaires (1903).*

Auteur de plusieurs récits, nouvelles, textes critiques et textes politiques.

Mühsam Erich (Berlin 1878 – 1934 Camp de concentration d'Oranienburg)

Ecrivain et poète mal connu, militant anarchiste. Il dirige un groupe d'action socialiste en Bavière et participe, avec Toller, au soulèvement de Münich en novembre 1918. Condamné à 15 ans de prison, il est gracié après 6 ans de détention. Pour les nazis, il est l'homme à abattre. Arrêté le 28 février 1933, les nazis l'assassinent dans le camp le 10 juillet 1934.

O'Casey Sean (Dublin 1880 – 1964 Torquay G.B.)

Dramaturge irlandais

Socialiste engagé, il est l'un des premiers à situer ses pièces au sein des classes populaires irlandaises, des quartiers pauvres de Dublin.

En 1929, il se réfugie en Angleterre, afin de se mettre à l'abri des réactions à son encontre.

Auteur d'une trentaine de pièces, dont l'une des plus célèbres *Junon et le paon* est adaptée par Hitchcock au cinéma (1930).

Paquet Alfons (Wiesbaden 1881 – 1944 Francfort)

Dramaturge allemand. Sa pièce *Drapeaux* est mise en scène par Piscator à la Volksbühne, jouée dans des salles combles selon celui-ci, qui réalise à la suite *Raz de marée* du même auteur.

Auteur de nombreux essais et récits de voyage.

Pirandello Luigi (Agrigente 1867 – 1936 Rome)

Dramaturge italien. Prix Nobel de Littérature 1934.

La réussite théâtrale de Pirandello parvient assez tard dans sa vie ; il est estimé pour avoir renouvelé l'art du drame.

Il adhère au Parti fasciste en 1924. Sans s'engager dans la politique, il reste dans l'univers théâtral, où il excelle.

Piscator Erwin (Land de Hesse 1883 – 1966 Stamberg en Allemagne)

Issu d'une famille qui vit selon les préceptes du christianisme, traducteurs de vieilles bibles, professeurs de théologie, qui se consacrent aux traductions de Luther.

Une ouverture d'esprit est acquise au jeune Erwin lorsqu'il prend connaissance des œuvres de Nietzsche et d'Oscar Wilde qui lui donnent le goût du théâtre.

Etudiant à l'Université d'Etudes Germaniques et d'Histoire, puis acteur non rétribué, il voit disparaitre toutes les voies qui devaient s'ouvrir à lui lorsque la guerre est déclarée en 1914. Il est âgé de 20 ans, une carrière théâtrale ne lui semble plus possible en temps de guerre.

Après deux années passées dans les tranchées, il parvient à se faire enrôler au Théâtre des Armées. Il y apporte son talent faisant jouer les soldats par les soldats.

A la fin du conflit, en 1918, il est parmi les premiers artistes à adhérer au parti communiste allemand. Il prend la direction de la Volkbühne, théâtre de Berlin.

Il se fait connaitre par ses mises en scène audacieuses. Il utilise, dans le même temps que Max Reinhardt, les plateaux tournants pour les décors.

En 1924, il monte *Drapeaux* d'Alfons Paquet qui traite des anarchistes à Chicago, à la fin du XIXe siècle. Piscator estime que c'est l'un des tout premiers drames épiques d'un auteur marxiste. Très vite, il fait appel à Brecht, à Toller, à Mühsam. De Mühsam, ancien compagnon de cellule de Toller, il montera 2 pièces : *Judas et le drame de Sacco et Vanzetti.*

En exil aux Etats-Unis, il connait une série d'échecs avec des mises en scène de Brecht et de Shakespeare, montées dans le style épique.

A New-York, il ouvre une école de théâtre, donne des cours aux acteurs.

Piscator prend comme secrétaire le jeune Tennessee Williams. On retrouve sur des photos, les jeunes étudiants en short, au nom de Marlon Brando ou Tony Curtis.

Piscator renonce à développer ses théories du théâtre politique à New-School sans cesser de se quereller, comme jadis à Berlin, avec Brecht ou Max Reinhardt, à propos de la pièce de Brecht, *Schweick,* et bien d'autres.

Pitoëff Georges (Tbilissi Georgie 1884 – 1939 Suisse)

Auteur ; metteur en scène qui exerce en France. Après ses études à Moscou, il débute à Saint-Petersbourg et s'installe à Paris en 1913. Il monte sa compagnie théâtrale et joue dans plusieurs théâtres parisiens. Il dirige le théâtre des Mathurins à Paris où il a réalisé plus d'une centaine de mises en scène.

Son fils Sacha nait en 1920.

Pitoëff Sacha (Genève 1920 – 1990 Paris)

Metteur en scène de théâtre et interprète au cinéma notamment : *L'Année dernière à Marienbad,* d'Alain Resnais, remarqué par son physique maigre et sa voix grave.

Dans le théâtre parisien des années 1960, il crée, avec sa troupe, des pièces de Jean Genet, Ionesco, Pirandello et reprend les textes du répertoire de son père, des pièces de Tchekhov, *La Mouette, Oncle Vania, Les Trois Sœurs.*

Son interprétation et sa mise en scène d'*Henri IV* de Pirandello, restent légendaires.

Reinhardt Max (Vienne 1873 – 1943 New-York)

Max Goldmann, né en Autriche, prend le pseudonyme de Reinhardt pour échapper à l'antisémitisme.

Il débute dans un petit théâtre d'Autriche, vite remarqué pour ses talents d'acteur dans les rôles de vieillards alors qu'il est âgé de 21 ans.

Il rejoint le Deutsches Theater à Berlin, en est nommé directeur en 1905, tout en assumant les mises en scène et dispensant ses cours aux acteurs. Après quelques mois il achète le théâtre et restera le propriétaire jusqu'à ce que les nazis l'en chassent et son départ en exil en 1933.

En 1920, il fonde le festival de Salzbourg avec Richard Strauss et Hugo von Hofmannsthal, inaugure le Palais du Festival de cette ville et devient, au cours des années 1920, responsable de plusieurs théâtres à Berlin et à Vienne.

En 1933 Goebbels lui propose, fait rarissime, le titre d'Aryen et d'Honneur, qui lui permettrait de poursuivre son travail et conserver ses biens. Son refus entraine la confiscation de tous ses biens et ses théâtres et provoque son départ en exil.

Max Reinhardt se réfugie à Paris jusqu'en 1938, puis parvient à s'exiler à New-York.

Reconnu comme un metteur en scène de talent, il est confronté, de même que les écrivains allemands qui viennent d'arriver aux Etats-Unis, à une nouvelle donne, prépondérante sur le qualitatif : c'est le rapport quantitatif et financier ; le nombre de spectateurs, ou le nombre du tirage, devront l'emporter sur la qualité ou l'esthétique de l'œuvre.

Après bien des difficultés, des projets non réalisés, des engagements sans suite, il parvient à fonder une nouvelle école théâtrale et monter plusieurs spectacles avec ses élèves, notamment des pièces de Pirandello, Ibsen. Il réalise au Manhattan Opera House, avec Franz Werfel, *The Eternel Road* sur une musique de Kurt Weill. Il poursuit son travail de metteur en scène avec des créations de pièces de Hofmannsthal , Wedekind, Strindberg et des classiques.

En 1940, il obtient la nationalité américaine.

Il meurt en 1943, dans une chambre d'hôtel à New-York.

Regler Gustav (en Sarre 1898 – 1963 New-Dehli)

Se revendique Citoyen du Monde ce qui lui vaut la déchéance de la nationalité allemande sous le nazisme.

Réfugié en France, il devient membre du Parti communiste, s'engage pour combattre aux côtés des républicains espagnols. Grièvement blessé, il est de retour à Paris. Les français l'internent en septembre 1939 au Camp du Vernet, avec les autres émigrés allemands.

Il parvient à obtenir un visa pour le Mexique puis pour les Etats-Unis après avoir rompu ses liens avec le parti communiste.

Il meurt au cours d'un voyage d'études en Inde en 1963. De ses travaux littéraires exceptionnels, *le Glaive et le fourreau* est le plus célèbre (non réédité à ce jour).

Stanislavski Constantin (Moscou 1863–1938 Moscou)

Metteur en scène, professeur d'art dramatique, fondateur du Théâtre d'Art de Moscou.

Il est engagé dans l'art *de jouer vrai* jusqu'à l'obsession. Il réalise les mises en scène de Gorki, Tchekhov, avec ses nouvelles théories sur la formation des acteurs, qui seront bientôt suivies par Brecht puis par Antoine Vitez, plus tard.

Ses théories sont exposées dans son livre : *Ma Vie dans l'art.*

Shaw George Bernard (Dublin 1856 – 1950 Royaume-Uni)

Dramaturge irlandais pacifiste et anticonformiste.

Prix Nobel de Littérature en 1925.

Il est l'auteur de 25 pièces de théâtre qui ont connu le succès dont *Pygmalion* (1912) est la plus célèbre.

Synge John Millington (Irlande 1871 – 1909 Dublin Irlande)

Dramaturge et poète, il est l'un des fondateurs du théâtre de l'Abbaye.

Auteur de plusieurs pièces dont la plus célèbre est *Le Baladin du monde occidental* (1907).

Tchekhov Anton (Taganrog Russie 1860 – 1904 Allemagne)

Ecrivain russe, nouvelliste et dramaturge.

Il exerce sa profession de médecin tout en écrivant son œuvre littéraire. Ses nouvelles sont rééditées à notre époque et ses pièces jouées et traduites dans le monde entier.

La Cerisaie, La Mouette, Les Trois Sœurs, Oncle Vania, Ivanov sont montées par les plus grands metteurs en scène et jouées avec succès de nos jours.

Dans ses pièces, il dresse un tableau particulièrement sombre de la vie russe, dénonce en demi-teinte les injustices sociales et la passivité stoïque des serfs comme de celle d'une noblesse décadente. Le metteur en scène Stanislsavski est l'un des premiers à monter les pièces de Tchekhov.

Tzara Tristan (Roumanie 1893 – 1963 Paris)

Né Samy Rosenstock.

Ecrivain, provocateur, fondateur du mouvement Dada.

Dès 1916 il écrit des textes de l'art nouveau et publiera *Les Sept Manifestes Dada* en 1924. Le mouvement, lancé à Zurich, sera bientôt suivi à Paris, avec enthousiasme : André Breton, Philippe Soupault, Louis Aragon.

Tucholsky Kurt (Berlin 1890 – 1935 Göteborg Suède)

Ecrivain engagé, co-éditeur de revue sous la République de Weimar avec Carl von Ossietsky. Celui-ci emprisonné par les nazis, obtiendra le Prix Nobel de Paix suite aux interventions appuyées de Tucholsky. Ossietsky sera assassiné par les nazis, tandis que Tucholsky, réfugié en Suède, se suicide en 1935, le 21 décembre, à 45 ans, à Göteborg.

Vilar Jean (Sète 1912 – 1971 Sète)

Metteur en scène de théâtre et comédien.

A l'initiative de René Char et de Christian Tzarvos il crée le festival d'Avignon en 1947.

Le Théâtre National Populaire – TNP, fondé par Firmin Gémier en 1920, Jean Vilar en est nommé le directeur en 1951, au théâtre du Palais de Chaillot.

Il inaugure une impressionnante série de créations qu'il fera connaitre dans de nombreux pays étrangers par ses tournées.

En 1963, il ne renouvelle pas le contrat à Chaillot mais poursuit sa direction au Festival d'Avignon. Ses interprétations et ses mises en scène de : Strindberg, Ibsen, Shakespeare, Adamov, Kleist, Brecht, Molière, Eliot, Victor Hugo, Armand Gatti restent inoubliables.

Vinaver Michel (Paris 1927 –)

De son vrai nom Michel Grinberg.

Dramaturge contemporain, auteur d'une vingtaine de pièces dont plusieurs sont jouées actuellement, notamment *Bettencour Boulevard* au théâtre de Paris.

Weill Kurt (Allemagne 1900 – 1950 New-York)

Compositeur de musique, considérée par les nazis de juive et négroïde.

Il s'exile aux Etats-Unis en 1933.

En qualifié d'expressionniste, sa rencontre avec Brecht est déterminante, les airs de *L'opéra de Quat'sous* restent inoubliables.

Weiss Ernst (Brno Tchécoslovaquie 1882 – 1940 Paris)

Médecin et écrivain autrichien d'origine juive.

Il émigre à Paris en 1934 et ne peut exercer la médecine. Il commence à écrire pour différents journaux, il est soutenu par financièrement par Thomas Mann et Stephan Zweig.

Suite à la prise de Paris par les troupes allemandes il se suicide le 15 juin 1940 dans sa chambre d'hôtel.

Werfel Franz (Prague 1890 – 1945 Beverly Hills E.U.)

Poète et romancier autrichien issu de la bourgeoisie juive allemande. Par sa gouvernante, son enfance est imprégnée de foi catholique dont il restera marqué.

A partir de 1919, il vit avec Alma Mahler, veuve du compositeur Gustav Mahler, divorcée de l'architecte Walter Gropius.

En 1938, le couple fuit l'avancée des troupes allemandes, se réfugie en France, puis, en 1940, aux Etats-Unis.

Franz Werfel est l'auteur d'une quinzaine d'œuvres poésies, romans, essais.

Wilde Oscar (Dublin 1854 – 1900 Paris)

Ecrivain et dramaturge irlandais.

Le *Portrait de Dorian Gray* (1890) explore les liens entretenus par la beauté, la décadence et la duplicité.

Sa pièce *Salomé* ne peut être jouée en Angleterre, les personnages bibliques qu'elle met en scène sont censurés.

L'Importance d'être Constant (1895) lui assure la notoriété et une renommée internationale.

Poursuivi en justice par le père de son amant, Oscar Wilde est condamné à une peine de deux ans de travaux forcés, pour grave immoralité.

Epuisé et ruiné par les procès, il se réfugie en France en 1897 et meurt dans le plus grand dénuement à l'âge de 46 ans.

Yaets William Butler (Comté de Dublin 1865 – 1939 Menton France)

Poète et dramaturge irlandais.

Impliqué dans le nationalisme catholique, en lien avec les poètes modernistes, il évolue vers le style moderne.

Couronné du Prix Nobel de Littérature en 1923, son œuvre est qualifiée de *poésie toujours inspirée, dont la forme hautement artistique exprime l'esprit d'une nation entière.*

Auteur de plusieurs recueils de poèmes et pièces de théâtre.

Zweig Stephan (Vienne 1881 – 1942 Petropolis Brésil)

L'un des plus célèbres romanciers de langue allemande. Ses livres sont brûlés à Berlin en mai 1933. Il en restera atteint d'un pessimisme qui ne le quittera pas de sa vie.

Au cours du conflit 1914-1918, il proclame, avec son alter ego Romain Rolland, un idéal de fraternité entre les peuples ennemis, tandis que leurs armées s'entretuent.

Il intensifie son travail et mène à bien plusieurs ouvrages, biographies, romans, essais, théâtre, livrets d'opéra.

Il quitte l'Autriche en 1934, s'installe à Londres et répond favorablement aux demandes d'aide, d'argent, de soutien, aux nombreux solliciteurs, réfugiés autrichiens et allemands.

En 1941, accablé par les évènements en Europe il se rend aux Etats-Unis puis au Brésil. Il met fin à ses jours en février 1942 avec sa compagne Lotte, à Petropolis.

L'écrivain n'a cessé de lancer des appels, il a clamé son désespoir, livré sa douleur, bien qu'il ait été porteur d'un idéal de paix, et un défenseur de la liberté, de la compréhension mutuelle entre les hommes.

SOURCES

Bavière, *Encyclopaedia Universalis T3,* Ed. 1985

Bardot Jean-Claude, *Jean Vilar,* Armand Colin, 1991

Bengt Janfeldt, *Maiakovski. La vie en jeu,* Albin Michel, 2010

Besson Jean-Louis, *Max Reinhardt,* Actes Sud, 2010

Benjamin Walter, *Archives,* Musée du judaïsme, 2011

Bounine Ivan, *Tchekhov,* Editions Du Rocher, 2004
Traduction Claire Hauchard

Cohen-Solal Annie, *Sartre,* Gallimard, 1985

Copeau Jacques, *Journal 1901-1915,* Seghers, 1991

Döblin Alfred, *Karl et Rosa,* Agone, 2008

Dort Bernard, *Lecture de Brecht,* Seuil, 1960

Dort Bernard et Peyret Jean-François, *Cahiers de l'Herne* n°35 :
Betolt Brecht, 1979

Friedländer Saul, *L'Allemagne nazie et les Juifs,* Seuil, 2008

Greenblatt Stephen, *Will le magnifique,* Flammarion, 2014

Koestler Arthur, *Œuvres autobiographiques,* Robert Laffont, 1994

Laval Michel, *Arthur Koestler. L'Homme sans concessions*, Calmann Lévy, 2005

Mann Heinrich, *Lidice*, ministère de l'Information, 1945

Mann Klaus, *Contre la barbarie*, Seuil, 1948

Nietzsche Friedrich, *Naissance de la tragédie*, Gallimard, 1970

Palmier Jean-Michel, *Weimar en exil*, Payot, 1988

Palmier Jean-Michel, *Walter Benjamin*, Klincksieck, 2006

Piroué Georges, *Pirandello*, Denoël, 1967

Piscator Erwin, *Le Théâtre politique*, L'Arche, 1972
Texte français d'Arthur Adamov

Polizzoti Mark, *André Breton*, Gallimard, 1999

Steiner George, *Les Antigones*, Gallimard, 1986

Schnitzler Arthur, *Vienne au Crépuscule*, Stock, 1996

Toller Ernst, *Une Jeunesse en Allemagne*, L'Age d'Homme, 1974
Traduit par Pierre Gallissaire

Hop là, nous vivons!, Les Editeurs F.R., 1966
Adaptation française de César Gattegno
et Béatrice Perregaux

Pièces écrites au pénitencier, Comp'Act, 2003

Pièces écrites en exil, Comp'Act, 2003
Textes français: Huguette et René Radrizzani

Hinkemann suivi *de L'Homme et la masse,*
L'Avant-Scène théâtre, 2014
Adaptation de Christine Letailleur

Hinkemann. Mise scène Christine Letailleur
Théâtre National La Colline 2014

Tucholsky Kurt, Documentaire de Christoph Wienert
Dans la fièvre des années 20
Diffusé par ARTE, 2015

Zweig Stephan, *Le Monde d'hier*, Belfond, 1982

Théâtre aux éditions L'Harmattan

Dernières parutions

REGARD (LE) DE LAURENT TERZIEFF
Brunhes Olivier, Téphany Julien
Ce DVD propose deux documentaires inédits sur l'artiste d'exception qu'était Laurent Terzieff. *Laurent Terzieff et compagnie* d'Olivier Brunhes (1996, 26 minutes), montrant Terzieff au travail dans sa mise en scène de *Meurtre dans la cathédrale. Terzieff par lui-même* de Julien Téphany (2011, 38 minutes) nous fait découvrir à travers les archives de l'INA la carrière de ce surdoué qui a décidé de se retirer du monde des stars pour se consacrer à l'essentiel.
(20.00 euros) *ISBN : 978-2-296-56778-8*

CONTRIBUTION D'UNE OUVRIÈRE DU THÉÂTRE AU BONHEUR DU MONDE – Pratique de l'atelier théâtre
Augier-Jeannin Isabelle
Ce livre témoigne d'une expérience théâtrale qui permet à l'auteure de faire un constat : les techniques qu'elle a acquises et expérimentées peuvent contribuer à un mieux-être en société, et individuel. Ces techniques et les témoignages qui leur sont associés constituent un outil précieux pour les « intervenants » (compagnies théâtrales, amateurs ou professionnels, désireux de proposer des ateliers théâtre en parallèle à leurs activités de création), mais aussi pour les « accompagnants » qui ont un projet éducatif et/ou de société : enseignants, éducateurs, coachs…
(39.00 euros, 396 p.)ISBN : 978-2-336-00151-7, ISBN EBOOK : 978-2-296-50712-8

KASSANDRA FUKUSHIMA SUIVI DE PROMÉTHÉE 2071
Pièces librement inspirées d'Eschyle
Jacques Kraemer
Ces deux pièces forment un diptyque dont le point de départ est le théâtre d'Eschyle : Prométhée enchaîné et Agamemnon. La première, Prométhée 2071, est travaillée par la question du réchauffement climatique et des désordres planétaires qui risquent d'en découler. La seconde, Kassandra Fukushima, exprime la hantise d'une articulation du terrorisme mondial au nucléaire militaire et civil.
(Coll. Théâtre des cinq continents, 10 euros, 64 p., juin 2012)
ISBN : 978-2-296-99061-6

L'EFFROYABLE CHANSON DU POÈTE VOYANT
Jean-Pierre Barbier-Jardet
Le message de cette pièce est axé sur la révolte contre la famille, l'Eglise et les despotes. Y figure la révolution de 1870, la Commune, mais aussi la guerre

d'Algérie et les tortures dénoncées dans le livre d'Henri Alleg, La Question. L'auteur retrace la guerre du Viêt Nam, l'Holocauste, la violence carcérale, comme les événements de mai 1968. L'amour y est présent sous sa forme la plus décriée puisqu'il s'agit d'homosexualité.
(Coll. Théâtre des cinq continents, 10,5 euros, 76 p., juin 2012)
ISBN : 978-2-296-97016-8

APPEL À LA FRATERNITÉ
M'envole, me pose, m'abandonne, résistant aux vents violents
Lucette JASON
Si la culture a un socle, celui-ci se trouve dans la diversité de nos réalisations. Cette oeuvre est un appel à la mise en commun de nos ressources pour mener à bien l'éducation des enfants. Cette démarche diminue les frustrations et la «rage», tout en acceptant d'écouter l'autre. Dans un quartier dit «difficile», Michael est défendu par sa mère, prête à résister. Elle se bat mais pense à la conciliation. Ses pas sont alors ceux de l'espoir.
(Coll. Théâtre des cinq continents, 12 euros, 88 p., juin 2012)
ISBN : 978-2-296-99248-1

CEUX DU PÉRIMÈTRE
Jean Larriaga
Ceux du périmètre sont jetés de chez eux sans ménagement, réduits à attendre que soit désactivée la bombe américaine de 500 kilos mise à jour au pied de leur immeuble. Les évacués attribuent à la bombe toutes les significations possibles. L'aîné d'entre eux, mémoire vivante des raids aériens de 1943 à 1944, affirme qu'il n'y en a jamais eu un seul ici. La peur se fera angoisse, le doute l'affirmation d'un châtiment rien que pour eux. Et pourquoi pas nucléaire ?...
(Coll. Théâtre des cinq continents, 12,5 euros, 112 p., juin 2012)
ISBN : 978-2-296-96241-5

CHAPEAU POUR NOTRE ÉPOQUE ! MI LÉPÔK, PAPA !
Pièce en créole et en français
Henri Melon
Nous sommes confrontés aux affres d'une révolution à l'échelle planétaire. Le mardi noir du 11 septembre 2001 est l'un de ses pics, tout comme «la crise». Dans cette pièce, alternativement comique et tragique, l'auteur rejette une troisième guerre mondiale en tant que solution appropriée au problème de l'humanité contemporaine.
(Coll. Théâtre des cinq continents, 12 euros, 96 p., juin 2012)
ISBN : 978-2-296-99312-9

LA PITIÉ DANGEREUSE
D'après le roman de Stefan Zweig
Elodie Menant
1913, dans une ville de garnison autrichienne, le riche M. Kekesfalva organise un bal costumé en l'honneur de sa fille, Edith, paralysée. Lors de cette soirée, la demoiselle rencontre Anton Hofmiller, jeune lieutenant de cavalerie. Pris de compassion pour elle, l'officier lui tient compagnie et les visites se succèdent.

Edith en tombe follement amoureuse. Comment réagir face à cet amour ? Quelles sont les limites et les dangers de la pitié ?
(Coll. Lucernaire, 8 euros, 84 p., juin 2012) *ISBN : 978-2-296-96646-8*

SOUS MA PEAU, LE MANÈGE DU DÉSIR
Geneviève de Kermabon
Ce texte est écrit à partir d'interviews d'anonymes sur le désir amoureux et d'extraits de l'oeuvre de Grisélidis Réal. Grand cirque de la passion, cabaret du sexe, manège du désir, cette pièce explore le fantasme et la réalité amoureuse dans tous ses états. L'Amour... Faire l'amour... et les autres, comment font-ils ? Que se cache-t-il dans ma tête et dans mon ventre, d'inavoué, de trouble, de sulfureux ? Suis-je normale ? Charlotte ne sait pas, Charlotte ne sait plus. Mais qui sait ?
(Coll. Lucernaire, 13,5 euros, 128 p., juin 2012) *ISBN : 978-2-296-96650-5*

LA MAIN INVISIBLE
Sylvie Jopeck
Les Naudin, famille de patrons, reçoivent Bernard Lubinski, directeur délégué de leur société, et sa femme. Dîner burlesque et tragique où entre séduction et humilitaion, se joue la comédie de la finance et de la fortune tandis que la ruse et le mépris manipulent ceux qui croyaient au pouvoir de l'argent. La Main invisible, celle dont l'économiste Adam Smith écrivait qu'elle conduit l'homme à «remplir une fin qui n'entre nullement dans ses intentions» est le théâtre de ce jeu de dupes.
(Coll. Théâtre des cinq continents, 11,5 euros, 92 p., juillet 2012)
ISBN : 978-2-296-99453-9

ELÉGANCE DES NAUFRAGÉS
Bernard Rongier
Un couple. H pour homme, F pour femme. Devant nous, cependant, deux personnages parfaitement individualisés, et comme le commande toute dramaturgie (ou presque), à la fois opposés et complémentaires. Lui mieux armé, plus à même de mener une barque pourtant fort incertaine ; elle plus faible, dépendante, souffrant de quelque obscure pathologie. Des éclopés de la vie, des laissés-pour-compte, certes. Mais puissamment liés par une sorte de tendresse résistante à l'accablement.
(Coll. Théâtre des cinq continents, 10 euros, 68 p., juillet 2012)
ISBN : 978-2-296-99660-1

MADAME DE VILMORIN
Annick Le Goff, Coralie Seyrig
D'après les interviews d'André Parinaud
La pièce, adaptée des entretiens de Louise de Vilmorin et d'André Parinaud, nous fait découvrir une séductrice et une grande amoureuse dotée d'un humour corrosif. Elle met en scène une femme de lettres étonnante qui se souvient de son enfance, des hommes qu'elle a aimés (Saint-Ex, Cocteau, Gallimard, Malraux) et d'un monde aujourd'hui disparu. Elle nous livre ses réflexions sur la littérature et sur la vie qui passe à la lueur d'une bougie et au détour de quelques interludes au piano.
(Coll. Lucernaire, 8,5 euros, 52 p., juillet 2012) *ISBN : 978-2-296-99412-6*

LA PAIX !

Vincent Colin

D'après Aristophane

« Nous autres les Malgaches, petit peuple vaillant vivant à l'écart des grands enjeux planétaires, avons décidé de nous adresser aux dieux pour qu'ils ramènent la paix sur Terre. » Gageons qu'Aristophane, ne serait pas fâché de voir les comédiens de la troupe malgache Landyvolafotsy s'emparer de cette version très libre de sa fameuse comédie. Le père Lagnole, l'un des leurs, s'élève vers l'Olympe, à l'aide d'une machine volante de sa propre confection, pour réclamer aux dieux la restitution ferme et définitive de cette paix qui leur fait tant défaut sur Terre.

(Coll. Lucernaire, 8,5 euros, 68 p., juillet 2012)   ISBN : 978-2-296-99411-9

TROIS SOLITUDES

D.A.F. de Sade, Marie Lafarge, Josefa Menéndez

Jean-Marie Apostolidès

Trois individus ayant vécu à des moments différents de l'histoire sont arbitrairement réunis dans l'espace abstrait d'une scène de théâtre. Il s'agit du marquis de Sade, de l'écrivain romantique Marie Lafarge et d'une mystérieuse espagnole, cloîtrée dans un couvent de Poitiers, la soeur Josefa Menéndez. Chacun d'eux revit son existence et sa passion, exacerbée en raison de l'enfermement auquel il est soumis. L'excès, le délire et la mauvaise foi caractérisent leurs discours jusqu'au moment où ces trois vies brisées se rejoignent en un chant collectif.

(Coll. Théâtres, 15 euros, 146 p., juillet 2012)   ISBN : 978-2-296-99191-0

MARELLE

Michel Cornélis

Un soir de noël, Paul et Lucie se retrouvent à minuit face à un cadeau étrange : une marelle dessinée sur le sol et un livre fermé de sept sceaux. Le chemin de la marelle les emmène sur un parcours initiatique parsemé de personnages étonnants. Au gré de leur rencontre, les deux adolescents vont mûrir et tisser des liens très forts afin de découvrir cette vérité détenue par le livre mystérieux.

(Coll. Théâtres, 10 euros, 64 p., juillet 2012)   ISBN : 978-2-296-99657-1

L'HARMATTAN ITALIA
Via Degli Artisti 15; 10124 Torino
harmattan.italia@gmail.com

L'HARMATTAN HONGRIE
Könyvesbolt ; Kossuth L. u. 14-16
1053 Budapest

L'HARMATTAN KINSHASA
185, avenue Nyangwe
Commune de Lingwala
Kinshasa, R.D. Congo
(00243) 998697603 ou (00243) 999229662

L'HARMATTAN CONGO
67, av. E. P. Lumumba
Bât. – Congo Pharmacie (Bib. Nat.)
BP2874 Brazzaville
harmattan.congo@yahoo.fr

L'HARMATTAN GUINÉE
Almamya Rue KA 028, en face
du restaurant Le Cèdre
OKB agency BP 3470 Conakry
(00224) 657 20 85 08 / 664 28 91 96
harmattanguinee@yahoo.fr

L'HARMATTAN MALI
Rue 73, Porte 536, Niamakoro,
Cité Unicef, Bamako
Tél. 00 (223) 20205724 / +(223) 76378082
poudiougopaul@yahoo.fr
pp.harmattan@gmail.com

L'HARMATTAN CAMEROUN
BP 11486
Face à la SNI, immeuble Don Bosco
Yaoundé
(00237) 99 76 61 66
harmattancam@yahoo.fr

L'HARMATTAN CÔTE D'IVOIRE
Résidence Karl / cité des arts
Abidjan-Cocody 03 BP 1588 Abidjan 03
(00225) 05 77 87 31
etien_nda@yahoo.fr

L'HARMATTAN BURKINA
Penou Achille Some
Ouagadougou
(+226) 70 26 88 27

L'HARMATTAN SÉNÉGAL
10 VDN en face Mermoz, après le pont de Fann
BP 45034 Dakar Fann
33 825 98 58 / 33 860 9858
senharmattan@gmail.com / senlibraire@gmail.com
www.harmattansenegal.com

L'HARMATTAN BÉNIN
ISOR-BENIN
01 BP 359 COTONOU-RP
Quartier Gbèdjromèdé,
Rue Agbélenco, Lot 1247 I
Tél : 00 229 21 32 53 79
christian_dablaka123@yahoo.fr

Achevé d'imprimer par Corlet Numérique - 14110 Condé-sur-Noireau
N° d'Imprimeur : 127327 - Dépôt légal : mars 2016 - *Imprimé en France*